U0722370

书山有路勤为径，优质资源伴你行
注册世纪波学院会员，享精品图书增值服务

蜕变领导力

战略、创新、情境管理

［英］大卫·威尔金斯
（David Wilkins）
　　　　　　　　◎著
［南非］格雷格·卡罗林
（Greg Carolin）

池静影　顾清莹◎编译

LEADERSHIP
PURE AND SIMPLE
How Transformative Leaders
Create Winning Organizations

电子工业出版社
Publishing House of Electronics Industry
北京·BEIJING

版权贸易合同登记号　图字：01-2021-0534

图书在版编目（CIP）数据

蜕变领导力：战略、创新、情境管理 /（英）大卫·威尔金斯（David Wilkins），（南）格雷格·卡罗林（Greg Carolin）著；池静影，顾清莹编译. —北京：电子工业出版社，2021.4
书名原文：Leadership Pure and Simple: How Transformative Leaders Create Winning Organizations
ISBN 978-7-121-40634-8

Ⅰ. ①蜕… Ⅱ. ①大… ②格… ③池… ④顾… Ⅲ.①领导学 Ⅳ. ①C933

中国版本图书馆 CIP 数据核字（2021）第 034580 号

责任编辑：袁桂春
印　　刷：三河市良远印务有限公司
装　　订：三河市良远印务有限公司
出版发行：电子工业出版社
　　　　　北京市海淀区万寿路 173 信箱　邮编：100036
开　　本：880×1230　1/32　印张：8　　字数：179 千字
版　　次：2021 年 4 月第 1 版
印　　次：2021 年 4 月第 1 次印刷
定　　价：58.00 元

凡所购买电子工业出版社图书有缺损问题，请向购买书店调换。若书店售缺，请与本社发行部联系，联系及邮购电话：（010）88254888，88258888。
质量投诉请发邮件至 zlts@phei.com.cn，盗版侵权举报请发邮件至 dbqq@phei.com.cn。
本书咨询联系方式：（010）88254199，sjb@phei.com.cn。

客户评价

迪必艾流程制定是一个超越战略制定的过程，它团结并激励人们朝着一个共同的目标迈进。

——Francis Chan，锦源（集团）国际有限公司首席执行官

在进入管理层后，我每年都要参加一次战略研讨会议，我想找到一种方法，一种更加结构化的方法，为战略规划这一流程提供更多的理论依据。我访谈了几家咨询公司，迪必艾是我最后的选择。我喜欢迪必艾的流程，因为我认为人们会很容易理解并接受这些流程。这让我们重新审视之前的流程，并从业务的各个方面提出挑战。只需三天，我们即可得出一个非常有意义的结论。就是这么奇妙。

——Martin Banner，南非国家航空公司首席执行官

作为来自不同行业的新任首席执行官，我感到欣慰的是，迪必艾的战略思维流程帮助我和我的执行团队在短短两个月内就制定出一个前沿战略。

——Stephen Lee，李锦记控股有限公司前首席执行官

迪必艾战略思维流程强调思考而不是计划。传统做法是，咨询顾问制订了一个计划交付给你，并告诉你这是你应该去执行的计划。迪必艾不会这么做。它提供了一个思维流程，这样我们就能够自己制定战略。

——Robert Evans，原材料科学公司（Material Sciences Corporation）首席执行官

迪必艾为我们在中国的一项重要业务发展的关键时刻提供了出色的支持。迪必艾流程非常有序和严谨，加上迪必艾中国团队睿智的商业头脑，使我们能够高效率、有效地制定新的十年战略。由此，公司和团队都在极具挑战和竞争的中国市场重新获得了抓住机遇的信心。

——John Lepore，葛兰素史克（中国）投资有限公司前董事长

我们重新评估了一些与我们合作过的顾问，包括当时顶级的战略顾问，迈克尔·波特（Michael Porter）和诺埃尔·蒂希（Noel Tichy），他们都曾给通用电气公司提供突围流程……我们认为，与花两三年时间去准备波特这样的传统战略大师想要的前提条件不同，迪必艾流程是一种更为直截了当的方法，我们更乐于接受并获得更快的结果，这在当时是很重要的。

有些咨询项目似乎永远不会结束。它们只是不停地滚动，规模越来越大，时间越来越长，投入越来越多……在过去的十年，我们已经多次运用了迪必艾的战略思维流程，每当开始着手时，我们知道流程是有终点的。一旦达到终点，我们将做出决定，制定方向，然后朝

着这个方向前进。

　　——Glen Barton，卡特彼勒公司（Caterpillar Inc.）前首席执行官

　　由于资源有限，要做的事情太多，我们的目标必须具有战略意义，在评估上要彻底考量，在规划上要有针对性。迪必艾的战略思维流程绝对是无价的。曹氏基金会从中受益匪浅。

　　——Mary Ann Tsao，曹氏基金会（Tsao Foundation）执行董事

　　我认为，整个高级管理团队乃至向下延伸几个层级的管理者参与战略制定是非常必要的。我们对未来的业务和竞争格局有了进一步的了解。而且，我们经营着一家国际性企业，总部和其他国家的分支机构必须更好地与战略方向的定义保持一致。这些都是战略发展的一部分，都必须对战略负责。这样一来，总部和其他国家的分支机构中的每个人都更容易走上正轨。

　　我认为，正是因为我们遵循整个战略思维流程的步骤，所以我们的战略清晰明了。而当战略清晰明了时，其他的一切就都顺其自然地归位了。迪必艾战略思维流程保证了经营理念、人员、能力、目标和指标都是完全一致的。这一点至关重要。

　　——Chong Siak Ching，腾飞集团（Ascendas）首席执行官

　　在当今高度竞争的环境中，情境管理为解决问题提供了一种快速、系统的方法。情境管理帮助经验丰富的管理者能够将他们一生的

知识、经验和技能投影到一个简单、有效解决问题的框架中，并提供给下属一种实用的指导和教练工具。

——William Leong，ASE 公司亚太区高级经理

经验证的批判性思维框架与迪必艾的理论和实践相结合，使情境管理成为所有管理者的必备技能。

——Theresa Lim，安华高科技公司（Avago Technologies Singa-pore）董事

序

十年前，我拜读了这本书的英文版，那时的我还在某跨国领导力培训咨询公司努力推广以意识层面为主旋律的领导力项目，这本书的出现无疑颠覆了我对领导力的认知。该书重新定义了未来世界的领导力。预期未来是有方法的，变化并不可怕，只要你足够聪明地利用变化。书中提到，未来不仅"变化"，而且"搅局式"的变化将是新的常态。

不同时代的领导者的画像突出的重点各有不同，未来领导者的轮廓该如何描绘？在变化莫测的商业环境里，领导者的本质是什么？这本十年前已在国外出版的书籍，拿到今天的中国是否合适？2019 年，接到电子工业出版社邀约后，我带着这些疑问和本书的作者大卫在新加坡会面，探讨此事宜。大卫向我展示了两张图：一张是在风平浪静的湖面上赛龙舟，另一张是在汹涌澎湃的激流里划艇前行。他问："中国当前及未来的市场环境更像哪种？"我说："当然是后者。"他肯定地说："那正是这本书出版的好时机！"他进一步解释说，在"风平浪静"和"汹涌澎湃"的环境里前行，最大的差异是外部环境。在不同的环境里竞赛，对人和组织的要求显然是不一样的。在"风平浪静"的环境里前行的领导者可以排除外部变化带来的干扰，设定的目标也是清晰、可预期的，领导者只需带好团队，执行既定的目标。我们称此时的领导者为以"实现"为动力的领导者，所以，十年前耳熟能详的管理关键词是"执行力"。在"汹涌澎湃"的环境里前行的领导者不仅要带好团队，还要带领团队一起和"变化"共舞，这时的要求不是步调一致，而是"敏捷应变"。团队成员都要做到在无常和不确定的世界里发现前进的机会。我们称此时的领导者为以"发现"为动力的领导者。

从全球市场的扩张到人力资源日益激烈的"争夺"，颠覆式的变化将成为商业世界的主题。预测和适应变化的能力将把赢家和输家区分开来。在这种新的环境中，决定组织敏捷性和成功的不是简单的"谁有钱谁说了算"，而是组织是否拥有具备以下领导能力的领导者：

1. 能否拥有全球触觉，不断学习与了解世界最前沿和最重要的变化。

2. 能否在纷繁复杂的信息里厘清哪些是不可变的，哪些是可变的，并利用不可变解码可变。

3. 能否充分利用变化，将最严峻的业务挑战转化为盈利和增长的变革机遇。

4. 能否最大限度地激发创新。

5. 能否训练团队成员成为"思辨者"，而不是忠诚的"执行者"。

这个世界因为"变化"而更加有趣，组织因为"变化"而更加有生机，个人因为"变化"而更加有魅力。

希望有志成为引领变化的领导者，在此书中发现变化里的"宝藏"。

如想了解迪必艾企业管理咨询公司的服务和产品，请访问 www.dpi-asia.com.cn。

祝您阅读愉快！

池静影

迪必艾中国区创始合伙人

目　录

01
变化世界里的领导力原则

1
解码未来在今天

2
蜕变领导力是什么

02

战略领导力

3

变革战略思维的障碍

4

决定企业的战略核心

5

战略思维流程：从战略
制定到部署

03

创新领导力

6

创新：基业长青的燃料

7

战略产品创新流程

8

使新产品创新成为可复制的
商业实践

04

情境领导力

9

运营和执行之间的平衡

10

情境管理框架

11

提高组织的情境管理指数

05

流程领导力

12

自我掌握

13

领导者应成为批判性
思维教练

14

领导者应成为流程管理者和实施者

06

变革型领导者

15

可复制的批判性思维领导力

01

变化
世界里的领导力原则

1 / 解码未来在今天

当今世界正以前所未有的速度和规模发生着变化。你不需要成为一个历史学家就可以知道，某些组织比另一些组织更善于应对变化，并在变化中壮大自己。你不需要具备特别的远见就可以知道，在未来，对应对变化这种能力的需要将变得更为迫切。应对变化的能力将是真正的领导者与他人的区别。

变革型领导者需要具备重要而基本的领导技能。一个高效的领导者必须能够洞见并驱动变化，尤其是与自身行业相关、全球范围内的变化，并且能把这些变化转化为可持续实施的战略，以创新为基础，通过精明的运营，锲而不舍地推动结果的达成。在我们看来，这是一种蕴含于复杂中的纯粹而简单的领导力。遗憾的是，这种领导技能并不像人们所期望的那样普遍，但它们确实可以通过学习获得。这就是我们写本书的原因。

面对变化，任何一位领导者首先要回答的问题是"我们要去哪里"，这是一个简单却越来越难以回答的问题。不是这样吗？

现代管理大师彼得·德鲁克（Peter Drucker）在他的最后一次演讲中被问道："德鲁克教授，你似乎有种不可思议的能力来预测未来。

你是怎么做到的？"他回答："我做不到预测未来。我所做的就是从窗口向外看，看到了别人看不到的东西。"

那么，一个人是如何通过自己的视觉获得对未来的更多洞察的呢？一些研究会给到我们答案。

由全球最大的移动通信提供商之一沃达丰（Vodaphone）倡导并领导全球相关组织开展的"未来议程"项目，是解码未来世界的密钥。这一雄心勃勃的项目广泛召集了商业、科学和经济领域的专家进行合作，专家广泛探讨未来世界发展可能性的看法。其实，"未来议程"项目中发现的许多趋势在我们辅导客户完成的战略任务中频繁出现。

当前的四个确定性

如果一个人对未来感到迷茫，找不到方向，那从未来窗口向外看可能是一项非常艰巨的任务。他首先要寻找的是未来的确定性，这些确定性可以明确地与投机事件分开。未来的确定性是指"火车已经离开车站"，目的地已了然，这是确定的趋势。显而易见的例子是，中国和印度作为政治和经济大国开始崛起。其他例子包括人口结构的变化，如发达国家"变老"而发展中国家"变年轻"。根据"未来议程"项目，在未来十年将有四个"宏观确定性"：

- 人口持续不平衡地增长。
- 更多关键资源制约。
- 亚洲财富转移加速。
- 全球数据存储实现。

未来的八个趋势

接下来的分析围绕这些确定性展开。我们认为，至少有八大趋势将影响地球上几乎所有的行业和组织。

趋势一：财富的创造

"未来议程"项目是这样描述的："未来十年财富的创造、增值、分享及使用将被许多可能的变化支配。"

我们赞同这个观点。在全球化的推动下，一股不可阻挡但尚未被完全认知的力量，正在形成新的财富创造中心和财富创造方法，这种新的变化在过去很难被预测。近代史上，财富创造者是欧洲国家（工业革命），紧接着是美国（"美国世纪"）。有明显迹象表明，这种情况正在改变。印度和其他新兴市场对资本主义的新定义吸引了欧洲及美国大量的研究和投资。所谓国家资本主义，其特点是由国家或家族控制，企业不受短期利益驱动的影响。未来，领导者将不得不考虑长期的全球市场规划。

"未来议程"项目的进一步分析指出：

全球化以我们从未设想过的方式将我们许多人联系起来，使新思想得以分享，创新得以加速。它还将我们连接在一起，这意味着对一个地区的冲击可迅速转移到另一个地区。一个"扁平化"的世界正在为那些有才能的人提供超越他人的机会，但与此同时，社会上的富人和穷人之间的不平衡差距也正在加剧。

未来十年，新技术将推动新的商业模式，进而改变财富的创造和分享方式，但政治和社会需求也将推动我们改变管理及利用现有财富与资源的方式。另外，某些领域的重心将向亚洲转移，这对财富创造、贸易，甚至货币有着明显的重大影响。

引发的思考:这些宏观财富创造趋势对你所在行业前景的具体影响是什么？

趋势二：财富的分配

城市和农村之间的贫富差距不断加大，然而，富人和穷人仍需彼此依赖共存。

"未来议程"项目指出：

近年来，尽管强劲的经济增长创造了数以百万的就业机会，但在世界大多数地区，富裕家庭和贫穷家庭之间的差距加大了。

这不仅是一些富国和穷国之间的差距，也是许多国家内部的差距。

我们同意许多人的说法——城市化也许是缩小贫富差距的最重要的方法。然而，目前还没有明确的迹象表明，各国政府正在对税收和支出政策进行重大改革来纠正这种不平衡。接受良好的教育仍然是打破贫富鸿沟的催化剂。一位分析师直言不讳地说："如果这只是一个纯粹的劫张三济李四（财富再分配）的问题，人们早在几年前就解决了。"

根据"未来议程"项目，在未来十年，尽管不同社会阶层的某些领域在创造财富时会有相互依赖的关系，但富人和穷人之间的差距依然会持续扩大。

认识到贫富差距问题的早期权威人士C.K.普拉哈拉德（C.K. Prahalad），在他的著作《金字塔底层的财富》（*The Fortune at The Bottom of The Pyramid*）中提出有关如何缩小或解决贫富差距的问题。他思考这样一个问题："为什么我们所有的技术、管理知识和投资能力都不能对普遍存在的全球贫困问题做出哪怕一点点贡献呢？"他认为"完善并发展援助、补贴、政府支持，依赖公共资产的放松管制和私有化，解决当地非营利组织的问题，这些都很重要，但它们并没有解决贫困问题"。普拉哈拉德问："为什么我们不能在非营利组织和需要帮助的社区的知识和承诺下，调动大公司的投资能力？"普拉哈拉德在寻找独特的解决方案的过程中踏上了一段这样的旅程——激励组织在创建更公正和更人道的社会中发挥作用。

《金字塔底层的财富》并不能回答关于全球化是好是坏，以及小公司还是大公司才能更有效地解决问题的激烈争论。相反，它侧重于什么是有效的，并建议非政府组织、国内组织、跨国公司、各国政府，甚至穷人自己，通过创业行为，共同努力解决贫穷问题，缩小日益扩大的贫富差距。尽管这种合作的可能性尚待商榷。

穆罕默德·尤努斯（Mohammed Yunus）创立的小额信贷组织格莱珉银行（Grameen Bank）似乎成功地解决了这一问题，尤努斯因此赢得了声誉和诺贝尔奖。然而，最近挪威电视纪录片《陷入小额债务》对格莱珉银行的批评，以及对其他发展中国家其他小额信贷组织的作用和利益的争议，使解决贫富差距的努力受挫。然而，普拉哈拉德的分析和格莱珉银行早期的成功至少让我们看到了缩小贫富差距的途径。

引发的思考：这种更富有/更贫穷的趋势会给你所在的行业和企业带来什么影响（机会）？

趋势三：全球化的未来和单一市场的神话

全球化的加速将对所有组织产生影响并带来相应后果，而此必将成为领导者战略思考和规划的输入端。全球化影响产品设计、生产地点、营销方式、分销系统和客户服务等因素的决策，这些因素会因市场不同而千差万别。原因很简单，尽管市场是全球性的，但它现在和将来都是不同质的。在欧洲，每个国家的语言和文化都不同，亚洲不同国家的风俗习惯差别也很大。然而，本地市场战略在适应个别市场的细微差异时，必须确保企业战略整体的平衡，如旋转的陀螺一样。

张雪倩（Chong Siak Ching）女士，新加坡腾飞集团——亚洲领先的商业办公空间提供商的首席执行官，证明了这一点。张雪倩女士这样说："因为我们经营一家国际化公司，总部和各国家层级的管理人员是公司战略规划至关重要的参与者。他们对战略负责并确保大家对这些战略达成共识，达成共识在此是一个关键词。与其把公司战略下推到地区级别的管理人员身上，腾飞集团更愿意继续为每个重要的亚洲市场制定精确调整的国家层级战略规划。"

美国一直是一个多元文化的混合体。在过去 30 年左右的时间里，西班牙裔、韩国裔、日本裔、菲律宾裔和越南裔移民等，继续改变着这个国家的结构。即使在同一个国家，在这种环境下运营的公司往往也需要调整本地的市场战略。美国食品公司就是一个例子。他们专门为新移民的西班牙裔和亚洲社区定制了相应的市场推广策略。

那些国际化运营的公司需要决定怎样的战略既能在全球广泛适用，又能顾及地方差异性。像腾飞集团一样，它们需要回答这样一个问题："我们如何将全球趋势和本地趋势的利益结合起来并加以优化？"

"全球思维，本土行动"将是国际化业务模式的基本准则。在普遍未能成功适应本土市场的国际化企业中，3M公司是一个罕见的成功例子。在3M公司，"全球思维，本土行动"是其经营文化的重要组成部分。公司必须从市场营销和销售的角度在当地采取行动，厘清每个市场的独特需求。但公司必须在制造、分销和客户服务的基础上进行全球化思考，以达到成本和价值所要求的最理想水平。

很久以前，帝国化学工业公司前董事长约翰·哈维·琼斯（John Harvey Jones）爵士在伦敦的美国商会（American Chamber of Commerce）的一次会议上对这一现象给出了很好的解释："世界是统一的大市场，这样的陈词滥调在现实中是不正确的。每个市场都需要不同的应对措施，而理解和应用这些应对措施的能力是关键的。"这要求公司着眼于全球市场，而对本土市场要具有文化敏感性。

加里·迪卡米洛（Gary DiCamillo）在担任百得公司首席执行官时解释了他的公司是如何应对这一现象的："纵览世界，很多电动工具的使用方式都是相似的，这样的产品无须太大的差异性。我们不需要在每个国家重新发明电动工具。确切地说，我们有共同的产品，并使之适应各个市场。然而，由于各地的风俗习惯不同，这些产品在当地的销售方式会大相径庭。"

成为全球战略领导者，能够自如地在北京、托莱多或开普敦等多地工作，对这类高管的需求将成倍增长。企业必须学习全球战略和战术才能在竞争中获得成功。至于全球扩张，领导者需要与新的国际竞争对手同台竞技，不同竞争对手遵循不同的游戏规则。

例如，南非米勒啤酒公司已经成为全球第二大啤酒生产商，在75 个国家拥有 200 多个啤酒品牌和约 70 000 名员工。它也是世界上最大的可口可乐产品瓶装供应商之一。50 年间，公司利用在南非市场磨炼的技能，开始实施一项重大的国际收购战略。

正如南非米勒啤酒公司在自己的历史文档中所述，"我们通过在不同地方的出色表现而成为全球领先者。我们通过培养强大的本土品牌，并建立品牌组合，从而满足不同市场消费者的需求。我们的品牌系列包括国际顶级啤酒，如皮尔斯内尔·厄奎尔、佩罗尼·纳斯特罗·阿祖罗、米勒生啤和格罗施，以及领先的本土品牌，如阿吉拉、卡斯尔、米勒轻啤和泰斯基"。

这是一个基于"全球思维，本土行动"原则的成功案例。当领导者具备驾驭"陌生地形"的能力时，一切皆有可能。管理团队需要练就精心设计的竞争技能，才能在未来战胜全球性对手。

引发的思考：你和你组织中的其他领导者将如何制定灵活的战略和商业模型（不仅围绕一个核心战略，还能反映本土需求）？

趋势四：差异化知识的未来

没有人比托马斯·弗里德曼（Thomas Friedman）说得更好了："随着信息在全球范围内共享，洞察力带来商业价值，那些能够获得非标准的、差异化知识的人将获得最佳回报。"这是创新的精髓，但需要经过批判性思考来精心调制方能获得。

普利策奖获得者托马斯·弗里德曼在其著作《世界是平的》（The World Is Flat）中提出了一个令人信服的论据：知识共享是如何更快、更容易地将世界夷为平地的。他引用中国和印度的诸多例子，特别是类似 Infosys、Wipro 和 Tata 等这些公司，它们是如何利用日益全球化、高速互联网连接，以及新型商业模式的整合成为知识的引擎的。

他指出，从发达国家向发展中国家稳步转移专业技能，比历史上任何时候都更加需要创新。

引发的思考：你将如何利用组织领导者的洞察力，并将这些洞察力引导到更大的创新上？

趋势五：创新竞赛

3M 公司对其所有业务部门的业绩都有一个衡量标准。每单位销售额的 25% 必须来自五年前不存在的产品。这一衡量标准使 3M 公司每年推出大约 200 种新产品，并使其成为美国最具创新性的公司之一。遗憾的是，对于美国的许多公司来说，情况并非如此。总的来说，美国公司正在失去创新优势。

这些公司的许多市场损失可归因于缺乏对产品和流程创新的重视。一方面，产品创新创造了新的市场机会，在许多行业，产品创新是增长和盈利的催化剂。另一方面，流程创新使企业产能高效。因此，流程创新是生产力增长的主要决定因素之一。在这个技术动态化的时代，如果没有持续不断的产品和流程创新，企业将很快失去有效竞争的能力。

"量化"管理体系的兴起和持续发展，以及由此产生的短期风险规避心态，被认为是美国竞争力下降的主要因素。风险规避的结果显示，美国在其创新技术商业化方面经常输给日本。例如，Ampex 公司发明了录像带，但索尼及其合资公司拓展了这项技术。不仅如此，索尼还看到了贝尔实验室晶体管的潜力。破产的柯达公司早前发明了数字成像技术，但现在这一领域由日本的佳能和尼康等公司主导。《纽约时报》(*New York Times*)作家亚当·戴维森(Adam Davidson)最近推测，下一波商业化浪潮不会来自日本，而会来自中国。

这个说法是有充分证据的。不仅中国政府，亚洲其他国家政府也都将足够的资源投入研发当中。亚洲国家的国有企业和家族企业均不必拘泥于最新的量化游戏规则，也不必迎合股东和分析师的短期需求。

引发的思考：创新将如何改变你所在行业的竞争行为？

趋势六：信息爆炸带来的困扰

"数据，到处都是数据……信息已从稀缺转变成过剩。这带来了巨大的新收益，但也让人头疼。"肯尼斯·库克尔(Kenneth Cukier)在《经济学人》(*The Economist*)最近的一篇文章中说。

英国《每日电讯报》(*The Daily Telegraph*)科学记者理查德·阿莱恩(Richard Alleyne)在最近的一篇文章《欢迎来到信息时代》(*Welcome to The Information Age*)中写道："如果你认为自己正遭受信息超载的困扰，那么你是对的——一项新的研究显示，每个人每天都会受到相当于 174 份数字报纸的轰炸。互联网、24 小时电视和手机的发展意味着我们现在每天收到的信息量是 1986 年的 5 倍。但这与我们通过电子邮件、Twitter、社交网站和短信产生的信息量增长相比显得微不足道。与 24 年前的相当于 2.5 页报纸的有效信息量相比，现在平均每人每天要创造 6 份报纸的有效信息量，增长近 200倍。"全球领导者迫切需要更新他们的"认知固件"来应对这一事实。

那么，信息爆炸意味着什么呢？毫无疑问，准确的信息有助于更好的决策。但是，信息过多也会使决策瘫痪。等待更多或更完美的信息可能会延误决策，导致决策者"错失良机"。未来，人们需要拥有敏捷而清晰的判断力，能够快速地将有用信息与无关信息分离开来，从而做出更精准、更及时的决策。由于大多数错误的决策都会产生深远的负面影响，因此允许的误差空间也会更小。一个小小的错误决策可能会在全球产生不小的恶果。未来的领导者需要拥有精准的信息分析和判断能力，批判性思维就显得格外重要。同时，企业仅有信息化管理已不足以应对外部的变化，在信息化管理前需要加"智能"二字，即"智能信息化管理"。企业需要机器人帮助排除垃圾信息，挑选有效信息。未来的企业，不是掌握越多信息越有优势，而是是否拥有精准的信息管理系统。

引发的思考：在你的企业和行业中，信息爆炸和实时通信意味着什么？你如何才能最好地利用信息领域为你带来优势？

趋势七：未来的能源

正如"未来议程"项目所界定的那样，上述"确定性"（更多关键资源制约）的一个潜在影响，是对能源的影响，特别是我们对矿物燃料的过度依赖。

"未来议程"项目指出:

随着全球对气候变化影响的敏感度不断增加,变革的力度也在加大。然而,我们还没有到达全球各国加入气候协定的阶段,另外,在技术方面也未找到突破性的解决办法,发展中经济体也没有找到可靠的替代途径。

尽管各国在全球气候变化问题上缺乏共识,但地方司法机构正在迅速出台相关立法,促使企业必须接受现实并采纳一些方案,这些方案如果实施得当,就能为企业带来真正的收益。最理想的方案是,既能保护我们美丽的未来世界,又能让企业的收益大大超过成本。

非洲新闻部高级助理、著名的气候变化专家穆里尔·奇诺达博士(Muriel Chinoda)曾提出:"首席执行官为什么要关心气候变化?究竟是麻烦事还是成长机会?"在我们采访她的时候,她说道:"无论你对气候变化的起因和潜在危险有何看法,环境问题的日益严重,全球为遏制温室气体排放而颁布的各种法律和法规、做出的各项保证和承诺,以及消费者对环境问题的不断关注,这些都对企业战略制定造成了巨大的压力。气候变化已经成为任何企业实施战略进程中不可避免的投入。这些所带来的影响、风险和机遇非常大,首席执行官不能忽视。"

这就是为什么许多首席执行官不再把这个话题看作头疼的管理问题,而是一个可以利用的战略机遇。

引发的思考:气候变化和能源制约会对你所在的行业和企业产生什么影响?

趋势八：未来的人类健康

与其前殖民统治者英国将人类健康视为经济发展的负担不同，弹丸之地的新加坡将人类健康作为经济增长的主要推动力。新加坡政府投资数亿美元，建立了一个专门从事生物医学研究的园区，名为启奥生物医药园（Biopolis），并将这一领域最优秀、最聪明的研究人员和研究机构吸引到新加坡。新加坡以其高效和高度发达的健康医疗环境而闻名，成为亚洲医疗旅游的受益者。

"未来议程"项目表明，医疗保健为创新提供了重大的新机会："健康和营养领域即将发生许多重大技术和社会变革。例如，干细胞研究和对人类基因组信息的详细利用，给我们提供了大量新的发展机会。"

未来，全球将有更多老龄化、更多肥胖、更多失眠的人口，这些都将催生围绕食物供应、卫生基金甚至临终管理的一些重大政策决定，至少在发达国家中会出现。诚然，其中一些问题可能只与某些国家关系密切，但我们决不能忽视将所有人联系在一起的健康问题。例如，冠状病毒、禽流感等新的全球流行病令全球担忧，因此，新的商业模式也将在全球迅速发展，以提高医疗保健的效率。

引发的思考：健康领域的变化会对你所在的行业和企业产生什么影响？

唯一不变的事

在领导者面临的所有变革中，有一件事将保持不变：制订和执行战略与计划，确保企业生存，为企业创造可持续的增长，这一直是而且永远是高级领导者首要和最重要的任务。

为此，对于多变的未来，作为组织的领导者，需要在以下方面做重要的投入，即洞察未来的社会、政治和全球经济的演变趋势，这些演变趋势将如何影响你所在的行业和企业。只有这样，领导者才能对计划胸有成竹，因为他们能预见达成未来成功的关键因素是什么。要对未来各种可能的"商业游戏场景"有最好的理解，就需要领导者的更多关注，以便他们能够：

- 保护组织免受未知的威胁。
- 追求未来的机会。
- 实现组织可持续发展的目标。

战略，或者真正的创新和日常运营，并不是在真空中闭门造车，而是必须在特定的外部环境下运作。所选择的战略不仅能克服不利的环境条件，还能充分利用有利条件来获得优势。体育领域为我们提供了一个形象的启示。在任何运动中，无论是棒球、板球、足球还是橄榄球，每场比赛都会考虑不同运动场所的特定条件。

因此，在商业环境中，领导团队的首要任务是定义行业未来竞争环境的特殊状态和性质，我们将其称为未来营商环境（Future Business Arena）。一旦定义完成，就可以构建各种游戏规则了。

这一直是一项艰巨的任务。不过，在一个所有领域都发生着指数级可怕变化的世界里，人们终于能理解高管团队何时在绝望中放弃，何时在变革发生时务实地管理变革。

　　以被动方式尝试和管理变革可能是致命的，因为在恐慌的情况下采取的短期补救措施会破坏长期战略或使长期战略脱轨。此外，在核心的领导团队，或者至少在与我们合作的领导者里，没有一位经验丰富的领导者会对这种被动的方式感到满意。已故的史蒂夫·乔布斯（Steve Jobs）向我们表明，我们能做的不仅是应对变革，我们还能引领变革，如 iPad 在教育、商业和娱乐领域的应用，变革是可以创造的。然而，要创造变革，人们也需要理解并看到变革，对变革带来的问题做出回应。

八大趋势的问题指向

　　上述分享的趋势都是宏观的、跨行业的，它们提出了许多需要我们回答的关键问题。但是，这些问题也只是触及了典型领导者所必须面对的问题的表面。当深入了解行业和企业层面的细节时，领导者很容易就会不知所措！以下问题可以激发我们对未来的深入思考：

- 我们对即将发生的重大问题的认识如何？
- 我们对资源制约的全部含义理解得如何？
- 我们该在哪里发力去创造新的资源？
- 随着世界的变化，我们的技能和经验将在哪些新的变化中得到更有效的运用？我们如何才能最好地利用这些机会？
- 如果世界变得越来越小，越来越扁平，而最好的人才是流动

的，我们如何吸引未来需要的关键人才？如何激励、奖励
他们？

- 我们对未来机会领域的理解是否比同行更好？
- 我们是否对未知的领域给予足够的关注？我们比别人更了
  解未来吗？面对变化，我们的防御能力如何？我们如何了解
  自己的弱点？
- 对我们"心脏地带"及潜在优势的威胁，我们是否足够重
  视并进行监测？我们能否通过提前发现新的机会来创造竞
  争优势？
- 在未来，我们将如何管理我们的声誉？
- 在未来，我们如何与股东沟通？我们的品牌在我们的控制当
  中，还是消费者具有更大的影响力？我们准备好改变我们的
  行为方式了吗？

总结

这些趋势对全球企业未来的发展意味着什么？回答由此产生的
问题将给我们带来什么启发？

我们认为，这种环境需要强有力的领导力。这对培养和实践领导
技能的人和组织都是非常有益的。积极主动的领导者有能力发现、评
估和利用这些趋势，以实现组织利益的最大化。然而，领导力是一个
难以定义的词，不同的人有不同的理解。于我们而言，领导力有非常

具体的含义，能在凌乱、混沌的世界里格物致知，慎思笃行。我们将在本书的其余部分中对此进行探讨。

正如彼得·德鲁克所说："有效的领导力不仅善于精彩的演讲或被人喜欢，还要带来结果。"在第 2 章中，我们将更详细地探讨什么是领导力。

2 / 蜕变领导力是什么

市面上有很多关于领导力的书，有些书倾向于描述那种"丘吉尔式"的领导特质，鼓舞激励个人乃至国家为实现所谓的伟大目标，不惜付出任何代价。许多人会说这种领导特质是上帝赋予的，不能习得。还有些书将"领导力"归因于"个人魅力"，围绕如何打造"人格魅力"而展开。准确的定义是经得起时间考验的，通用电气前首席执行官杰克·韦尔奇（Jack Welch）用具体的行为描述领导力，他说：

领导者能够为其所在组织（或部门）构建愿景，通过带领团队一起"讨论——倾听——对话——认可愿景"，清晰地定义组织（或部门）的未来：谁？该做什么？将成为什么？继而全力以赴地推动这一愿景的实现，并取得成功。

被誉为人力资源管理的开创者、最早提出人力资源概念的戴夫·乌尔里希（Dave Ulrich）在其著作《领导力准则》（*The Leadership Code*）中用五种属性描述了领导力模型：

- 战略家。
- 执行者。

- 人才经理。
- 人力资本开发者。
- 某行业专家。

久经沙场的美国第 34 和第 35 任总统，艾森豪威尔将军对领导力是如此描述的："所谓领导力，就是使他人心甘情愿地为你完成心愿的艺术。"

尽管"领导力"这个词经常被使用，但不同时代、不同背景，对"领导力"的定义不同。商场是没有硝烟的战场，对一个领导者的最终考验是，他是否会像艾森豪威尔将军那样，在诺曼底登陆时，被来自不同国家和文化的人组成的特遣部队所追随。在变化莫测的"丛林"里，领导者为一个不确定但可获得重生的未来而奋斗，我们称之为"蜕变领导力"。

无论是韦尔奇的陈述还是乌尔里希的模型，都隐含着组织成功蜕变的三项根本的领导力思维，这些也是引领组织突破重围、涅槃重生的领导技能。任何组织的任何人都可以表达、学习和修炼这些思维技能。

蜕变领导力的三项基本思维技能

如果不能掌握这三项基本的领导力思维技能，领导者就不会有追随者。遗憾的是，这些思维技能没有在正规的教育系统、商学院或任何公司的管理能力培养计划中予以教授。大多数掌握了这些技能的领导者都是通过耳濡目染或"前线救火"的经验总结而来的。其实，这些思维技能也可以通过有意识的训练来获得。

第一项技能是面对未来的战略思维。公司的未来战略不应该是对当前战略的推断。任何策略都需要适用于公司的未来环境，而且未来环境可能与过去的环境完全不同。这个问题是构想"突破"战略的基础，它打破了当前沙盘的假设，并设想了一个新模式，为争取获得话语权地位提供了机会。

另外，这种战略思维是领导者用来制定、表达和传达连贯的组织愿景和战略的过程。尽管追随者知道未来不确定，但他们也想知道自己将被带到何处，而那些与领导者关系更为密切的人则希望参与整个过程。除了规划，战略思维还包括执行能力。伟大的战略除非能付诸实施，否则只是纸上谈兵。

第二项技能是创新思维。公司需要不断地寻找新的发展机会才能成长。领导者必须能够在他人身上激发和拓展这些特殊能力。为此，他必须了解创新的过程，并能够将其灌输给组织中的每个成员。

第三项技能是情境管理，即能够成功处理错综复杂的运营问题和做决策的能力。然而，运营情境不同，解决方式也不同，但必须与战略方向保持一致。否则，"眼前"的业务运营将占据主导地位，以至于忘记了"新"业务的愿景。这需要包括理性决策和创造力等多方面的流程管理，我们称为情境管理。同样，情境管理必须是组织结构的一部分，这样问题才能得到深入和彻底的解决。

战略思维

战略思维是领导者及其领导团队用来为组织规划、定义、沟通和实施清晰、简明和明确的战略的过程。遗憾的是，在许多组织中，公司战略尚不明确。通常，它只存在于首席执行官的头脑中，被称为他的"愿景"。战略与"愿景"相关，但不可与之混淆。事实上，我们从未遇到过哪位首席执行官或部门领导不对自己的公司或部门抱有愿景的。问题是，如何将这一愿景转化为具体且可操作的战略概要。这一点没有做好的话，首席执行官身边的人就不得不猜测战略的可行性。因为他们没有参与到战略制定过程中，或者因为首席执行官无法清晰地表述战略，他们对战略没有承诺，也没有归属感。我们与世界各地约 1 000 多个不同规模、不同行业的组织合作的经验表明，大多数管理人员过于专注于业务运营，以致没有开发战略思维的能力。因此，首席执行官更希望让自己的团队参与到战略制定的过程中来，这是因为这个参与过程确实具有指导价值，是团队理解并随后有效实施战略的根本所在。然而，问题在于，大多数首席执行官都是本能地实践战略思维过程，并没有意识到其中各个步骤。通常，我们不可能把自己都无法描述的技能传授给别人。这就是我们调研成百上千位首席执行官并开发战略思维流程的原因。该流程包括以下主要步骤。

第一步：评估环境

如第 1 章所述，任何合理的战略都应使组织能够成功地应对其环境（或称为"游戏环境"）。因此，战略思维流程的第一步是评估未来对企业有利或不利的定性变量。这些变量通常仅由高级管理团队进行思考，必须在一个有组织的、客观的工作会议中进行提取、辩论和提炼，并由外部顾问推动这一过程。这些定性变量在本质上通常具有高度主观性，是每个人对组织内部甚至组织外部某些事件发生与否的看法。我们必须以非常理性的方式去讨论这些不同的看法，就组织将不得不面对的最重要的因素进行讨论并达成一致，这样我们才能提升洞察力。

第二步：确定企业战略核心地带

第二步是让管理团队确定业务的哪个组成部分在战略上对组织的生存最重要，并作为公司产品、市场和客户的关键决定因素。换言之，业务的哪部分是组织的根本，并且可以被公司用作应对环境的战略武器？这个概念被称为业务驱动力，我们将在第 3 章中详细讨论。

第三步：制定连贯的战略和经营理念

明确推动组织向前发展的关键决定因素之后，就该制定战略宣言了。战略宣言可以感召每个对战略结果负责的人。战略宣言必须用足够精确和简洁的语言来表达，如此人们才能轻易将它记住。另外，战略宣言还应体现组织的经营理念。

多年来，我们注意到，越来越多的组织尝试把使命和愿景结构化，以体现经营理念。可惜，这种尝试缺乏"结构化的过程"，大多数没能起到感召的效果。领导者在"愿景研讨会"动议的最终结论只是"感觉还好"的陈词滥调。下面是一个很好的例子：

我们的使命是提供具有卓越竞争力的质量及价值的产品和服务，实现销售和收入的强劲增长，实现股价和现金回报率的持续增长，并聘请在各个层面上都表现出色的员工。

这是一个"无意义的使命宣言"的例子，它的内容非常笼统。这样的宣言对于从事日常运营的人来说，无法提供任何指导，也无法帮助其做决策。这类宣言里包含的每个词听起来都很不错，相信每个看到宣言的人都会赞同。然而，当被用作做决策的过滤器时，这类宣言就会变得一无是处，因为它们允许一切无条件通过。这显然对做决策毫无帮助。随着时间的推移，这类宣言将悄然消失，荡然无存。

在随后的章节中，我们将详细阐述如何构建有效的经营理念。现在，你不需要急于相信我们所说的话。管理学大师彼得·德鲁克1994 年在《哈佛商业评论》（*Harvard Business Review*）上发表的一篇文章中提出"经营之道"的论述：

每个组织，不管是不是公司，都有一套经营之道。事实上，描述清晰、一致性强、专注度高的经营之道是非常强大的。经营之道虽然都是些假设，但影响着组织的行为，决定了组织该做什么和不该做什么，并定义了组织认为的有意义的成果是什么。这些假设与市场息息相关。它们用于识别客户和竞争对手及其价值观和行为。它们关乎技术及其动态，关乎公司的优势和劣势，它们也关乎一家公司盈利与否。我称其为公司的经营之道。

总之，宣言应提供明确和具体的指导，使管理人员能够恰当分配资源，寻求合适的机会。以下是我们帮助客户构建的一些经营理念示例。为保密起见，我们省略了有关公司的名称。

示例 1

我们的战略是销售、制造和分销锯片产品，它们由金属原料制成，具有非凡的品质。

我们将专注于高性能材料的分离应用，在这些应用中，我们可以利用集成制造能力，开发具有明显优势的新型定制产品，从而给我们的客户带来更高的性价比。

我们将努力细分客户和地域市场，在这些细分的市场中，把优质的分销和技术支持服务相结合，作为我们的主要竞争优势。

示例2

我们的战略是提供再保险产品，协助组织管理人寿保险、健康保险和年金风险。

我们将利用我们对死亡率和发病率风险管理专业知识使自己与众不同。

我们将专注于可以建立和保持领导地位的细分市场。

我们将专注于以增长为导向的"自由"地区，通过可靠的数据库和可预测的风险模式实现足够多的平衡投资组合。

第四步：勾画出完整的战略轮廓

第四步就是在经营理念的基础上，构建未来业务的全貌。这个战略轮廓应该是对产品、客户、细分市场和地域市场的概述，包括未来"是什么"和"不是什么"。这个战略轮廓为每个人提供了一个"测试台"，用于检测资源的分配和判断未来的机会。

第五步：解读战略的内涵

一个好的战略往往会因为管理人员没有理解到位而使组织误入歧途。所以，第五步是以各种方式测试该战略，以消除负面影响，并确定使战略发挥作用而亟待突破的关键任务。通常是，管理人员对战略的真正含义理解不够充分，经常发现自己是在事后做出反应，而不是事先预知并主动出击。如早有预测，可以把这些关键任务提前分配给合适的人才先行执行。

随着对组织未来轮廓全面而简洁的描述，以及对关键任务的准确识别，战略的实施过程就相对简单了。监测在这些关键任务上取得的进展，并不断总结检讨，确保战略取得最终成功。

创新思维

领导者的第二项基本技能是创新思维，尤其是能够激发他人的创新思维。为获得更新更好的产品、新的客户、新的市场，改善业务运营，产生新想法，这对组织的存亡至关重要，当今最好的公司都在持续不断创新。这些公司在创新方面表现出比其他公司更多的技能和优势。因为这些公司已经掌握了创新的流程。领导者的主要特点之一是除了自己掌握创新思维技能，还需帮助其下属熟练掌握这项技能。

当第一次通过拜访观察客户，研究"创新"议题时，我们似乎进入了一个魔法世界。当我们询问创新者他们的创新思维技能来源是什么时，他们给出了诸如"意外""天才的闪光""灵光乍现"之类的答案。然而，当观察这些人工作时，我们并没有发现意外。相反，我们观察到的是他们正在实践一个非常系统的、经深思熟虑的、非连续性的工作流程，尽管他们凭感觉行事。这一流程，我们称为创新流程，主要包含以下四个步骤。

第一步：寻找机遇

创新最基本的概念是，变化是创新的原材料和燃料。没有变化就没有创新。变化制造混乱，混乱带来机遇。变化越多，机会就越多；变化越少，机会就越少。

因此，具有创新精神的人和组织认为变化是健康的，是产生机会的源泉。最好的创新者不会等待变化来找到他们。他们似乎清楚地知道在何处寻找可以转化为良好商机的变化。我们已经识别了十个能创新的变化环境来源，将在下面的章节中进行更详细的探讨。

第二步：评估并将机会分级

并非应该抓住所有的机会。机会分为坏的、好的和极好的。因此，所发现的机会需要根据其对组织的潜在利益进行排序。在这一步中有四个重要的标准需要考虑，我们稍后将会讨论。根据评估结果，最佳机会就如蛋糕上的奶油，开始上升到排名清单的最前面。

第三步：分析成功或失败的关键因素

哪怕是排在最前面的机会最后也未必能成功。创新流程的第三步要分析每个机会可能给组织带来的潜在的最佳结果和最坏结果是什么。这很重要，原因有二。首先，我们讨论每个机会的风险/回报关系，进一步将我们的机会清单缩小到只包含排名靠前的几个机会。其次，我们需要分析导致最佳结果或最坏结果的关键因素究竟是什么。

第四步：制订计划以寻求最佳机会

有些人认为好的创新者不会是好的执行者。事实并非如此。我们看到的最好的创新者能够成功地构思和实施他们的创新计划。他们通过提前准备防止负面关键因素所带来的最坏结果，同样，他们也通过提前准备促进正面关键因素所达成的最佳结果。这些准备工作作为逐步实施既定计划的一部分，以抓住每个机会。每个步骤都由"承包人"

执行，同时需要明确完成的日期并监控进度。

亨利·亚当斯（Henry Adams）曾说过一句名言："动荡带来活力，而秩序带来的只是惯性。"尽管环境和变化似乎表现得很混乱，但系统的创新流程可以培养一种习惯，帮助人们和领导者成功地应对混乱。

情境管理

当领导者进行战略思考，使组织在变化的环境中处于最佳位置，同时鼓励创新以发现新的机会时，他还必须有效地处理每天出现的运营问题，并确保整个组织都能同步。因此，不少领导者尝试采用"最佳实践"和"标准化操作程序"的方法管理从战略到执行的过程。

遗憾的是，这会产生负面影响，使其他人丧失批判性思考的能力。有时，意料之外的情况会不可避免地发生，当标准操作流程无法满足刁钻客户的要求或出现无法预见的问题时，该怎么办？有了移动电话，大家可以轻松联系"老板"而不是承担责任——一种糟糕的趋势日渐严重，就是向上授权，这减慢了解决问题的进程，使问题无缘无故地升级，并在不必要的事情上占用管理时间。

一个较好的方法就是使大家包括管理人员在内具备处理意外事件的关键能力，我们称为情境管理。事实告诉我们，尽管人们每天从上班到下班离开似乎遭遇各种不同的情境，但是他们每天面对的情境其实可以归为三种：问题情境、决策情境和计划情境。每个情境都可以通过应用情境管理框架中所包含的批判性思维流程来解决。

第一个批判性思维流程是问题分析。当遇到某些事情出现错误且没人知道是什么原因导致的时候，我们可以使用此流程。问题分析是对问题进行诊断，以确定根本原因并采取纠正措施的过程。

　　第二个关键思维流程是决策分析。当面对必须在几个看上去都不错的备选方案中做出选择时，我们就可以使用该流程了。决策分析可以帮助我们有条不紊地对备选方案进行排序，找出最佳方案。

　　然而，一旦做出了决定，就要求我们认真地执行，由此第三个关键思维流程，即潜在问题分析就起作用了。制订详细的实施计划，并对潜在问题进行探讨。通过预测可能出现的问题，我们还可以预期将采取哪些措施来防止这些潜在问题的发生，或者至少准备好应急措施，以最大限度地减少问题带来的损失和影响。之后对原计划进行修改，包括已生成的最佳预防和应急措施。修改后的计划已对原计划中的决策进行了优化，从而成为我们今后的执行计划。

　　在所有这些流程中，有时需要我们发挥创造力，如针对棘手的问题提出新的假设，或者在看似可行的选项无法通过时产生新的替代方案。创新流程是克服创新障碍、推动新创意付诸实施的捷径。

总结

　　战略思维、创新思维和情境管理是变革型领导者展示真正的领导水平而必须掌握的三项基本思维技能。他们还必须能够向其追随者传授这些技能。从我们的创始人迈克尔·罗伯特（Michael Robert）在 20 世纪 70 年代末进行的调研工作开始，迪必艾公司已将这三项基本思维技能编入可复制的业务实践当中，供不同的团队学习和使用，帮助他们达成战略共识，协调突破，成功落地。

- 战略思维为领导者提供了一种工具，使其能够清楚地表达自己的愿景，让团队成员参与到战略制定过程中来，这样成员更能理解并认可这一愿景，并激发他们将其视为自己的愿景。通常情况下，人们对自己已理解的事情更愿意去完成，这是因为他们参与了其中的过程，真正地感受到了主人翁责任感。
- 创新思维为领导者提供了促进持续改进的实施工具，这对于任何组织来说都是必需的。在这个竞争日益激烈的世界里，创新对组织生存至关重要。创新流程揭开了创新的神秘面纱，并将其转化为可复制的商业实践。
- 情境管理是一项关键技能，能有效处理日常事务。虽然有些事务处理起来很简单，但如果处理不好焦虑、危机、问题和决策，我们就无法前进。

优秀的运动员不一定能成为优秀的教练，因为当他们是运动员的时候，他们从未分析过自己练习的过程或方法，而恰恰就是这些过程或方法使他们成功。因此，当成为教练时，他们无法将这些过程或方法描述出来。另外，最好的教练不一定是最好的运动员，而是"会比赛的运动员"。教练或者研究成功运动员使用的过程或方法，或者发现了这些过程或方法，然后传授给其他人。一个休闲的慢跑者不一定会注意慢跑的技巧，但是，如果慢跑者希望在马拉松比赛中取得成功，他就需要熟悉跑步的技术或过程，这样才可以运用最有效的方式来跑步。

领导力也是如此。高效领导者必须掌握的关键思维流程是可以习得的。

为了更有效地领导团队，好的领导者需要在他的团队中有意识地使用关键思维流程。原因很简单：领导一支训练有素的军队要比领导一群流浪汉容易得多。在和平时期，军队不需要太多的领导者，但在战争时期，需要的领导者则很多。在商场上也是如此，竞争越激烈，组织的领导者越多，获胜的概率就越高。为了培养更多的领导者，每个现有的领导者都需要成为一名教练，在后面第 6 章中将探讨此话题。

关键思维流程在整个组织中的渗透成为组织文化的基础，并为持续成功奠定了基础。

有的学派认为，只有财力雄厚的组织才能在竞争激烈的舞台上大获全胜。根据我们的经验，这种说法是不正确的。不管规模和资源如何，我们始终发现，获胜的组织的特征在于它们不是"肉搏而是智取"。要做到这点，组织的领导者必须掌握第一项基本技能，即战略思维。

02

战略
领导力

3 / 变革战略思维的障碍

如果变革型领导者的使命是让组织突破思维框框，而不是和竞争对手比拳头，你会怎么做？作为领导者，你如何制定制胜战略？你如何学习该技能？你如何让组织里的关键人员参与到流程中来，并让他们理解、接受且愿意对战略负责呢？

作为组织的领导者，出于多方面原因，现在是时候重新思考战略并制定制胜战略了，这样你的组织才能在变化中生存下来并茁壮成长。有趣的是，很多组织习惯通过"战略检讨"（Strategy Review）的单一方式进行，将战略单纯地与年度预算捆绑在一起。在全球各组织的董事会上，人们经常听到这样一句话："我们需要完成明年的预算，因此我们计划实现战略突破……"我们发现，许多组织进入这种模式是因为它们"必须"去做这件事，而不是考虑一个更为重要的问题：是否有内部或外部因素表明组织需要重新审视战略。

我们在与世界各地的客户的深入接触中发现，变革型领导者的思维超越了年度规划的范围，他们积极寻求解决影响组织及其所处市场地位的关键问题。无论"组织规划周期"的长短，他们会在战略关键点受到刺激时做出反应。一些人意识到，他们每年参加的内部业务规划的讨论并没有达到预期的结果。他们只是走走过场，并没有制定出其心之所向的未来战略。组织需要制定强有力的战略往往因为组织面临变化，例如：

- 处在行业的十字路口，必须决定一个新的方向。
- 存在执行问题，执行管理层甚至更高级别的管理人员没有完全接受战略。
- 增长不够快。
- 新首席执行官刚上任，他既要"跟上节奏"，又要"做出自己的贡献"。
- 面对动荡的商业环境，潜在的"淘汰赛"即将来临。

无论出于何种原因，组织及其领导者都意识到，未来掌握在自己手中，而决定组织成败的是整个团队的批判性和战略性思维能力。大多数人还意识到，这些能力在公司内部并不容易获得。所有组织都有战略规划流程，但据我们所知，很少有组织有正式的战略思维流程。我们在本章和第 4 章中所提到的流程是一种将集体思维提升到下一个层次的行之有效的方法。在恰当的引导技术下，通过不断"挑战和质问"当前的"做事方式"，抽丝剥茧，促使团队不断思考，制定"赢"的战略。

战略性障碍

当领导者试图制定"改变游戏规则"的战略时，他们会遇到一些战略性障碍。领导者可能会：

- 将战略与愿景混为一谈。
- 假设所有人都同意什么是战略。
- 为今天而不是明天制定战略。
- 领导者制定的战略只是合时宜的而非具有话语权的。
- 领导者只考虑传统的竞争对手，而没有考虑潜在的颠覆者。
- 领导者无法让团队"参与进来"。
- 领导者认为缺乏执行力只是执行的问题，与战略本身无关。
- 领导者未能适当、有效地进行资源配置。

障碍一：将战略与愿景混为一谈

领导者经常把战略和愿景混为一谈。与我们共事的所有首席执行官都有一个"愿景"，即希望自己的公司在未来某个时候"看起来"会是什么样子的。通常，这种"样子"与公司今天的"样子"是不同的。他们使用和部署公司的所有资产及资源来实现未来愿景。

愿景的目的

愿景在组织中可用于多种目的。首先也是最重要的，它展现了组织的"未来蓝图"。愿景应能经受住时间的考验，并在较长的时间内使企业保持长青。愿景可用于多个目的：

- 愿景是一条组带。愿景可以把拥有不同技能、语言、文化、个性的人群联系在一起，并集合大家的能量朝共同的目标迈进。
- 愿景是一种激励。尽管所有的公司都用数字来衡量其在一段时间内所取得的进步，但数字本身通常不会激励人们去做与众不同的事情。而"崇高"的愿景和战略能激励人们去做超出预期的事情。

- 愿景是一只锚。在困难时期，愿景就如组织的一只"锚"，使船体稳固并将所有人团结在一起，直至暴风雨过去。
- 愿景是有效的竞争工具。员工对自己想要成为什么样的人有一种直观感觉和认知，这将给组织带来竞争优势。

愿景对于任何一个要转型的领导者来说都是至关重要的。卢·格斯特纳（Lou Gerstner）在被任命为首席执行官一周后的第一次新闻发布会上说："IBM 不需要愿景和战略。"之后，他切身感受到了提出"IBM 不需要愿景和战略"的想法后给公司所带来的负面影响。

新闻发布会结束后，当返回到办公室时，他立即被一大堆电话轰炸。这一大堆猛烈的电话轰炸并非来自媒体或其他外部人士，而是来自他自己的员工，他们想提醒这位新任首席执行官，IBM 创始人托马斯·沃森（Thomas Watson）通过他的愿景——"用计算机实现数据处理的自动化，大幅度提高公司的生产力，帮助全世界人民提高生活水平"，使 IBM 成为世界上最成功的公司之一。

尽管愿景很重要，但不要与战略混淆。愿景的目的是凝聚大量的员工，除了工作和收入来源，这些人和组织没有其他关系。所以，愿景必须具有其他的属性，才能让平凡的人做不平凡的事。

- 愿景必须清晰。愿景不能模棱两可。组织中的大多数人都不想成为领导者，他们只想成为优秀的追随者。由此，他们最想从领导者那里得知的是："你要带我去哪里，这样我才能决定是否跟着你前行。"所以，领导者必须构建一个清晰的愿景，能够迅速地被所有员工理解。

- 愿景必须令人信服。成为一家市值十亿美元的公司这一目标并不会激励平凡的人去做不平凡的事。数字通常不足以激励人们去实现他们力所能及之外的目标。为了激励人们超额完成任务，愿景必须"扣人心弦"。就是这个原因，史蒂夫·乔布斯吸引了约翰·斯库利（John Scully）加盟苹果公司，而放弃了百事可乐公司提供的一份薪资非常可观的工作，因为他要的不是一大笔金钱的承诺，而是"改变世界的机会"。史蒂夫·乔布斯早在 1971 年就向我们展示了他的远见！这正是由乔布斯和苹果公司引领的个人计算机行业的犀利之处。

- 愿景必须与众不同。没有多少人愿意为"模仿者"工作，因为在那里，公司所做的每项变革都严格以金钱为衡量标准，那不是一个有趣的世界。最好的公司有独特的愿景，不会试图模仿竞争对手，而是通过愿景将自己与竞争对手分开。美国赛马史上有一匹普通的马叫"秘书"，由一位对赛马一窍不通的名叫潘妮的人训练，潘妮采用与众不同的方法训练"秘书"，三岁时，"秘书"在参加美国肯塔基赛马会决赛时一开始跑在最后，后来它一路加速以不到两分钟的成绩赢得了比赛，也创下了28 年来的奇迹。之后它又赢得了鄱瑞克尼斯赛马大赛的冠军，它的照片登上了《时代杂志》《新闻周刊》《体育画报》等著名杂志的封面，"秘书"成了家喻户晓的明星，潘妮的事业也因此辉煌一时。后来"秘书"被称为"一代骄马"。潘妮的竞争理念不是与竞争对手并驾齐驱，而是要以 31 个马位的绝对优势遥遥领先追随其后的竞争对手，并且在整个比赛中始终处于领先地位。正如塞缪尔·约翰逊（Samuel Johnson）所说："没有人能通过模仿别人来成就伟大。"

- 愿景必须有持续性。不断变化的愿景通常不会打动任何人，特别是你自己的员工队伍。不断变化的愿景意味着缺乏前瞻性思维，并将成为大家的笑柄，即众所周知的"本周愿景"。

愿景与战略的关系

尽管我们经常使用愿景和战略，但其实很少有高管真正了解它们之间的关系。接下来让我们试着揭开这两个独立但又相互关联的概念的神秘面纱吧。在我们看来，愿景是构建组织在未来某个时候应该是什么"样子"的"精神"图景。愿景通常是长期的，一般是几十年，有时甚至上百年！我们认为，战略是通过管理层将愿景转化为有形的"未来战略轮廓"的过程，然后战略被用作决策的过滤器，用于特定的时间范围内发展壮大公司。战略包括对"经营理念"和其他细节的文字描述，这些描述为公司追求"愿景"的下一步目标提供了清晰、明确的"画面"，呈现了公司将如何部署资源以实现"未来战略轮廓"。

例如，我们的客户腾飞集团，其"愿景"是成为亚洲领先的商业空间提供商，具体包含的战略或经营理念如下所示。

腾飞集团的战略是"为我们的客户提供超越商业空间服务的综合解决方案"。

1. 综合社区：我们将激发我们的客户及其用户的创新和卓越精神，让他们在一个安全和持续发展的腾飞综合社区内创建和管理独特的商业空间，其中包括以商业空间为基础的混合用途空间。

2. 综合的客户解决方案：作为业务合作伙伴，我们将创建综合解决方案，帮助我们的客户发展业务，并在我们提供的商业空间里取得成功。

迪必艾的客户亨尼·杜·普莱西斯（Hennie Du Plessis）是 Bytes Healthcare Solutions（简称"BHS"）的前首席执行官，现在是 Bytes Document Solutions 在南非的首席执行官，他认为，愿景需要被打造成清晰的战略：

这一独特的方法在一定程度上引起了 BHS 管理团队的兴趣，因为它将使公司的管理层能够从愿景出发，通过资深导师的指引，讨论所有相关问题，制定我们自己的战略。由此我们得出了一个易于理解并达成共识的战略。此外，或许更重要的是，我们制订了一个明确的行动计划，包括责任、完成的时间表和管理流程，以确保执行步入正轨。

障碍二：假设所有人都同意什么是战略

领导者在制定改变游戏规则的战略时遇到的第二个障碍是，他们无法就什么是战略达成一致。每位高管对战略是什么都有自己的看法或定义。这不足为奇，有时即使是那些向困惑的领导者提供答案的战略大师也无法达成共识！

战略与运营的关系

自 20 世纪 70 年代中期以来，市面上已经出版了许多关于战略方面的书籍。遗憾的是，大多数书籍都混淆了这个主题，而不是揭开了它的神秘面纱。在我们看来，原因很简单，每位作者都赋予战略一词不同的含义。有人把战略定义为目标或目的，有人把战略定义为手段或战术，也有人认为战略是长期规划，而不是短期计划。在读完这些书之后，我们也变得困惑。

战略与运营的定义

我们的定义非常简单。战略是"做什么"（What），运营是"怎么做"（How）。战略决定公司将来变成什么样，而运营决定如何去实现。

"战略"和"运营"的概念不同，思维流程也不同。我们的经验表明，很少有公司能够厘清这两者的关系。实际上，所有组织都可以在图 3.1 所示的差异化矩阵里找到自己的位置。

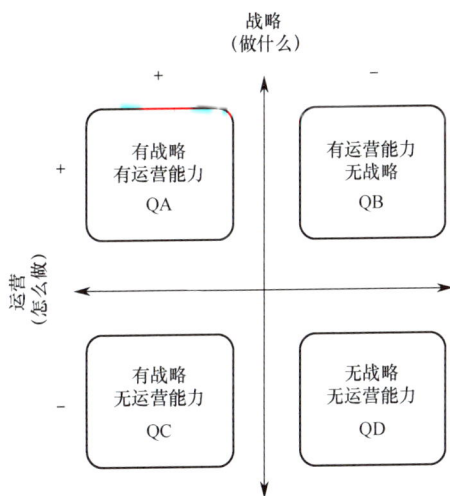

图 3.1　战略与运营

有些组织对战略和运营都很精通。换言之，这样的组织有清晰的战略，并且战略正确，能被员工很好地理解，这样的组织也有很强的运营能力，如图 3.2 所示。

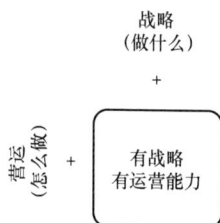

战略
（做什么）
+

营运
（怎么做） + 有战略
有运营能力

图 3.2 象限 A

有些组织属于象限 C——有战略，但运营上没有效率（不知道怎么做），如图 3.3 所示。

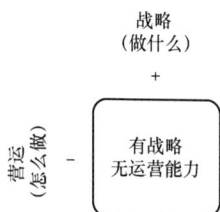

战略
（做什么）
+

营运
（怎么做） − 有战略
无运营能力

图 3.3 象限 C

位于象限 D 中的组织在这两个领域的表现都非常糟糕（既不知道做什么，又不知道怎么做），如图 3.4 所示。

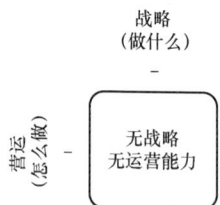

战略
（做什么）
−

营运
（怎么做） − 无战略
无运营能力

图 3.4 象限 D

然而，我们发现大多数公司处于象限 B：有运营能力，无战略，如图 3.5 所示。

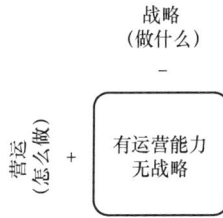

图 3.5 象限 B

这些公司均属于克里斯托弗·哥伦布管理学院（Christopher Columbus School of Management）里说的：

- 当它离开时，它不知道要去哪里。
- 当它到达时，它不知道在哪里。
- 当它回来时，它不知道自己去过哪里。

现在再次查看这四个象限，如图 3.6 所示，给你分配一个任务：你会将你的公司放在哪个象限中？

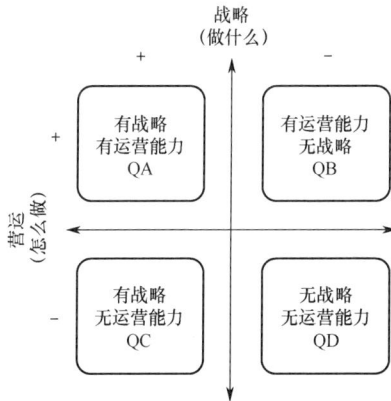

图 3.6 战略与运营

如果你选择的是右上角的象限，则表明你的公司和我们合作过的 80%的公司处在同一个象限里，你也可以认为这是正常的。因为大多数公司忙于日常运营工作，以至于没有花足够的时间来思考公司的未来。

于 1982—1992 年担任 DataCard Corporation 公司总裁兼首席执行官的加里·荷兰（Gary Holland）支持了这一观点。他说：

在与迪必艾顾问会面的头两到三小时里，我感到很惊讶，我们的高级管理团队对我们自己的战略竟然没有什么概念，而当开始了解一点了以后他们就持反对意见了！我对迪必艾顾问的干预感到高兴。会议结束前，我们都了解并赞同我们的战略了。我们的信念和方向是绝对没有问题的。

障碍三：为今天而不是明天制定战略

不少领导者只依据当前市场环境制定战略，而不考虑未来的竞争环境。甚至有些所谓的战略其实是救火型的短期策略。在全球范围内，越来越多与我们合作的首席执行官告诉我们，他们无法预测未来，因此不可能为未来制定战略，因为变化越来越快，越来越具有不确定性。

政治和经济、计算机和生物医学技术、市场和客户需求、气候变化和可持续性等因素的变化比以往任何时候都更快、更出乎意料，因此，许多人声称："没有人能跟得上变化，更不用说预测未来会发生什么事了。"这个说法只能说部分正确。我们认为，那种认为变化发生得太快以至于无法预测的观点有些言过其实了。我们根据经验得出了一个不同的假设。

我们认为，要打造一个成功的战略，使组织能够在变化中生存并蓬勃发展，有两种方式可以应对营商环境中发生的变化——主动或被动。我们发现，绝大多数高管以被动的方式应对大多数的变化。他们通过培训获得的技能本质上都是纠正性的，而不是主动性或前瞻性的。如果他们的关键技能是主动性或前瞻性的，为什么全世界成千上万家公司的首席执行官和高级管理人员在互联网刚出现的时候会感到震惊？为什么他们会被行业内新产品或新服务的创新方法所吸引？为什么他们对新的突破性发明如激光技术或新近的社交媒体感到惊讶？我们认为，他们只是没有看到，其中许多所谓的新生事物已经存在很多年了。

但你如何预测未来呢？你怎样才能创造自己的预言水晶球呢？我们之前提到彼得·德鲁克教授有一种不可思议的预测未来的能力。这种能力表现在"从窗口向外看，看到了别人看不到的东西"，你如何做到这点呢？

展望未来

你可能会提出质疑："谁能预测未来会是什么样子的？未来将是庞大而混乱的。"这是可以理解的。然而，许多乍一看庞大而复杂的事物，一旦深入分析就会发现，这一事物其实是由数量有限的小变量组合而成的。在细微、不一的变化中，埋下了许多巨变的种子。任何组织参与竞争的营商环境都离不开以下 12 个独立且互相作用的因素，在这些因素里，可能会显露颠覆性的趋势或变化的迹象：

- 经济和货币领域。
- 政治和监管领域。
- 社会和人口变化。

- 市场条件和趋势。
- 客户属性和习惯。
- 竞争对手画像。
- 技术演变。
- 制造能力和流程。
- 产品设计、产品内容、产品特性。
- 销售和营销方式。
- 分销渠道和系统。
- 自然资源、人力资源和财政资源。

如果你参加过商学院的课程，可能听说过 PEST 模型，PEST 是 Politics（政治）、Economic（经济）、Society（社会）、Technology（技术）四个英文单词的首字母缩写。PEST 模型是帮助企业检视其外部宏观环境的一种方法。如果企业仅从这四个方面来看未来趋势，无疑颗粒度太大了。宏观世界与微观世界该如何结合呢？迪必艾顾问在多年为客户服务的过程中发现，作为微观世界的企业，需要通过更小颗粒度来看未来趋势，如表 3.1 所示。

表 3.1　企业需要通过更小颗粒度来看未来趋势

政　治	经　济	社　会	技　术
• 政治和监管领域	• 经济和货币领域 • 自然资源、人力资源和财政资源	• 社会和人口变化 • 市场条件和趋势 • 竞争对手画像 • 客户属性和习惯	• 技术演变 • 制造能力和流程 • 产品设计、产品内容、产品特性 • 销售和营销方式 • 分销渠道和系统

通过对未来营商环境 12 个因素的持续探索，领导者坚定了信心，敏锐的洞察力取代了那些随意的猜测。对"未来营商环境"的预测并非完全来自投机性地在"预言水晶球"里窥视，而是更多建立在有据可循的逻辑思维上。因此，对"未来营商环境"的预测不再那么神秘，令人畏惧，领导者可以更加有信心地放开来思考。

一旦将"未来营商环境"的复杂性破译为这 12 块"积木"，人们就可以开始预测未来会是什么样子的了。将你自己和你的核心管理人员置于"时间机器"中，调试向前移动 N 年，根据你们所设定的时间点，描绘每块积木未来可能的模样，再把这 12 块积木拼在一起，你就能得到一张美好的未来"图景"。

我们的观点是，从现在起 3～5 年甚至 10 年内，影响你的业务的大多数变化以某种形式存在于今天。大多数会影响公司的变化会在员工集体罢工前得以被发现。

解码未来在今天

当然，人们对未来的预测不可能百分之百准确，完全出乎意料的事件确实仍会出现，比如世界级重大事件——2008 年的全球金融危机。但这个事件真的不可预测吗？早在 2001 年，《经济学人》（Economist）的封面故事就提到过诸如：2001 年，"世界能摆脱衰退吗"；2002 年，"低迷：该如何拯救世界经济"；2004 年，"世界经济的未来恐慌"；2007 年，"房地产市场的烦恼"。还有更多的疑问和线索表明，一些重大事件将在未来逐渐显现，并将影响全球许多知名企业的营商环境。

所以，破解现在，能够让你看懂未来。我们的论点是，未来不是一个个单一的点，而是五个空间的集合，在这里你可以瞥见未来：

- 前面的未来。
- 远方的未来。
- 后面的未来。
- 周围的未来。
- 旁边的未来。

前面的未来

前面的未来是一个已经开始但尚未到来的未来。就像火车一样，它已经离开了车站，虽然尚未到达最终目的地，不过最终目的地是已经确定了的。事实上，前面的未来有三条可预测的"轨迹"：

- 可以通过当前现象来预测未来。人口统计就是一个例子。40 多年前就有人预测，到 2010 年，美国 50% 的人口将超过 50 岁，30% 的人口将超过 60 岁，100 万人将超过 100 岁。那个未来已经离开了"车站"，虽然还没有到达最终目的地，但它终将抵达。这一未来始于第二次世界大战结束之时，此后美国人口一直在增长。这一趋势可以在过去二三十年被预测出来，因为这是一个沿着不可逆转且预先确定的"轨迹"行进的趋势。
- 两条或多条分叉路径或"轨道"的未来。盒式录像机（VCR）的推出，就是"分叉"未来的一个例子。当这一事件发生时，美国当时市面上有两种磁带格式，一种是 Betamax，一种是 VHS，它们在市场上销售了好几年以后，最终的获胜者是 VHS。其实从一开始，VHS 的优势就很明显了，任何人都可预见它很可能就是获胜的最终标准。此后出现的另一个例子是 CD 光盘上的 DVD 与蓝光（Blue Ray）刻录技术。很显然，最终的胜利者是蓝光刻录技术。

- 另一个尚未浮出水面的例子可能是电动/汽油混合动力车、氢燃料电池汽车与汽油动力汽车的三方对决。与燃烧碳氢化合物有关的政治和环境问题及对其替代品的需求是显而易见的，但未来又会出现哪些分支？这些变化将对你的业务产生什么样的影响？

- 因为"可预测的界限"而受到限制的未来。例如，你的战略可能受到国家立法、工程法律法规或物理层面等因素的制约。

远方的未来

远方的未来超越前面的未来，也是已经开始但尚未到达终点，因为它有许多未知的末端可能性或结果，因此其终点是不可预测或不确定的。重要的问题是，我们要识别它的趋势，并将其置于执行团队的雷达屏幕上进行监控，以便确定其通往潜在最终目的地的方向。

例如，欧洲在欧盟和单一货币方面的变化。如果在 1985 年将这些变化说成是事实，没有人会相信。

后面的未来

我们怎样通过观察后面的未来了解未来呢？答案是，历史重演。后面的未来是过去发生的事情，它为当前这些对未来产生影响的事件提供了解释。展望未来可以让我们对未来有更深刻的认识。说不定今天在你的商业沙盘里发生的那些变化或趋势可能就像过去描绘的蓝图，能够帮助你了解它们的走向。

英特尔前首席执行官安德鲁·格罗夫（Andrew Grove）曾表示："如果你想知道未来十年的技术将发生什么变化，只需看看过去十年发生的事情即可。"

周围的未来

周围的未来是指在你的商业沙盘里已发生但尚未充分呈现的未来。这些都是发生在你的商业沙盘里的事件或趋势，而且随着时间的推移，这些事件或趋势的影响力将越来越大。如果你还没来得及梳理这些事件或趋势，它们将狠狠"咬"你一口，让你大吃一惊。

一个例子是人类基因组领域正在研究的工作。世界上任何一家制药公司都不能忽视这一领域的发展，因为它们将极大地改变公司未来产品的性质。另一个类似的例子是生物电子学发展领域——生物技术、电子技术甚至机械技术的融合。你觉得健身器材公司会对此感兴趣吗？

旁边的未来

第五种未来是在相邻商业沙盘中发生的事件或趋势，而这些事件或趋势最终将转移到你的商业沙盘——这就是旁边的未来。遗憾的是，相邻商业沙盘中发生的事件可能目前不在你的雷达屏幕上，如果你还没有发现它们，等到它们出现时会让你大吃一惊。麦当劳发生的事情就是一个例子。佛蒙特州一名罹患癌症的男子声称，他的疾病是由于他每天摄入麦当劳汉堡中的脂肪引起的。也许这就是麦当劳后来推出低脂炸薯条的原因。如果我们代表的是肯德基，作为相邻的"快餐沙盘"，我们会开始跟踪这个事件，因为它将最终转移到我们的商业沙盘中。

百事可乐公司前首席执行官史蒂夫·雷蒙德（Steve Reinemund）曾宣布一个公司目标，公司50%的产品必须为"营养品"。你认为他是否已经看过麦当劳的商业沙盘了呢？

又如，电子商务的出现无疑会对实体零售店造成冲击，但我们相信，当互联网技术出现时，许多零售企业负责人会视而不见，因为他们觉得零售业与互联网不沾边，对他们毫无影响。另外，零售行业的相邻沙盘——商业房地产，同样在不经意中受到互联网的影响。

浏览相邻商业沙盘中发生的事件或趋势将帮助你快速评估这些事件或趋势转移到你的商业沙盘中的可能性，更重要的是，促使你提前采取措施去管理和/或控制这些事件的进程。

寻找未来的五个空间

正是在这五个空间，前面的未来、远方的未来、后面的未来、周围的未来和旁边的未来——未来悄悄地涌入你的商业沙盘中，让你措手不及。又或者，如果仔细观察，你可能发现其他人尚未意识到的机会。我们的一位客户曾说过这样一句睿智的话："你无法预测未来，但你可以为未来做好准备并控制它。"

障碍四：领导者制定的战略只是合时宜的而非具有话语权的

你的战略是什么？得过且过？在新的商业沙盘中助力组织达到巅峰？那些勉强通过年度规划周期的组织最后所得的最好战略也只是"还可以"而已，实现的只是常规增长和还过得去的结果，而不是在商业沙盘中拥有话语权。此外，如果你觉得有必要不断更改你的商业战略，我们认为这是一个明显的信号，表明"你没有战略"。成功的战略不会随着每一阵竞争或环境之风拂过你的商业沙盘而被随意改变。成功的战略可以长期为公司带来收益。事实上，成功战略的试金石是它的寿命长短。在我们为客户提供服务的过程中，有些领导者会问："现在的竞争环境稍纵即逝，我们制定战略的周期是否要缩短，一年甚至几个月一次？"我们的回答是："或许你制定出来的不是'战略'，而是应急举措。"

我们从一些商业出版物中得出结论，公司的兴衰取决于某种既定的商业规律，即公司的兴衰取决于某些事件、周期或趋势。其实得出这样的结论不难理解。这些出版物写的更多的是失败公司的案例故事。在过去的几十年里，这些公司包括宝丽来、DEC、安然、朗讯、MCI WorldCom 及后来的柯达。

30 多年来，在与 30 个国家和地区 1 000 多家企业的高管的合作中，我们得出了与上述不同的结论。在我们看来，长期成功的公司与失败并消失的公司之间的区别在于，领导团队是否成功参与了我们称为战略思维的过程。换言之，长期成功的公司的首席执行官和高管，比那些失败的公司的首席执行官和高管更善于战略思考。我们的拙见——失败其实是一种自我伤害。

与那些失败的公司相比，获得长期成功的公司有一个最重要的共同因素：它们有一个清晰、连贯的战略，它们追求的目标是独特的，并且贯穿整个组织。它们为此全力以赴，毫无他心。简言之，它们拥有一个更好的战略，让自己在所处的商业沙盘中拥有话语权。但是，在我们看来，公司要想拥有话语权，就必须有高度的战略思维能力。

这是领导者应有的思维方式，而不只是看起来比竞争对手强壮而已。正如德怀特·艾森豪威尔所说："决胜在于运筹帷幄之中，而非沙场之上。"

拥有话语权，是长期战略的唯一目标

3M、英特尔、沃尔玛、家得宝、微软、戴尔、苹果、甲骨文、施瓦布、E*TRADE、亚马逊、联邦快递、卡特彼勒、IBM、通用电气、诺基亚、前进保险、佳能、索尼、迪士尼和美国西南航空，这些公司有什么共同点？那就是，它们曾经或现任的首席执行官能够领悟战略，具有战略思维和竞争话语权。

换言之，公司的目标不是制定常规的战略，使公司能够充分竞争，而是制定拥有话语权的战略。战略的最终目标是行业话语权，而不仅仅是合适而已。

这些公司都在某个时间点（通常是公司建立的初始阶段）受到某位首席执行官的影响。这位首席执行官构想了清晰的战略，企图在其选定的商业沙盘中长期拥有话语权。以下是一些示例：

- 埃克森美孚公司 20 世纪 80 年代进军国外市场的办公设备领域，这几乎导致了它的垮台。幸运的是，埃克森美孚公司机敏地认识到了自己的错误，并做出了几年后退出该业务的正确决定。
- 戴姆勒-奔驰（Daimler-Benz）公司试图通过收购一大批与汽车无关的"低价但业绩不佳"的企业，而成为"世界上管理最佳的公司"。这一举措使它差点儿陷入倒闭。

另一个对长期拥有话语权的威胁来自完全不同的领域——"左外野"（棒球术语）。这样的竞争对手甚至不曾在你的雷达屏幕上出现过。

障碍五：领导者只考虑传统的竞争对手，而没有考虑潜在的颠覆者

25 年来，迪必艾一直在倡导，如果一家公司想要建立超越竞争对手的话语权地位，就必须改变游戏规则。然而，在过去的 10 年里，我们得出的结论是，仅仅改变游戏规则是不够的。在这个竞争激烈的时代，我们必须改变游戏本身。只盯着传统的竞争对手是不够的，你需要找到你所在商业领域中潜在的颠覆者。

到目前为止，我们发现了 4 种改变游戏的策略。

改变游戏的策略

- 改变更多的游戏规则使竞争对手无法做出回应。
- 将竞争对手的独特优势转化为致命弱势。
- 促使竞争对手的战略变得多余。
- 改变客户购买和公司竞争的方式。

南非著名出版商和创新作家托比·沙普沙克（Toby Shapshak）在南非《泰晤士报》最近发表的一篇文章《扰乱或被扰乱》（*Disrupt or be Disrupted*）中指出，柯达公司 1888 年出售了第一台柯达相机，这一消息给当时其所在行业带来了不少扰乱。沙普沙克观察发现，柯达其实可以成为颠覆者，而不是以被颠覆告终，它本可以避免破产。他说："柯达是第一家生产数码相机的公司。柯达公司因自己的发明

而破产，它显然未能利用好这一发明。"

索尼则利用了这项发明，并于 1984 年 5 月推出世界上第一台 Mavica 数码相机。这意味着，宝丽来和柯达的日子已经屈指可数了。就在那一天，宝丽来的即时摄影概念变得多余了。宝丽来花了几年的时间才接受了这个现实。而柯达决定采用模拟和数字战略的双重做法显然也是多余的。柯达花了 27 年的时间才意识到按照自己的模式根本无法与索尼竞争。2012 年 1 月，柯达根据《美国破产法》第 11 章提出破产保护申请。现在，柯达决定把未来的战略建立在打印机设备上。这样行吗？柯达的竞争对手是谁？惠普和佳能数十年来一直主宰着打印机设备领域。接下来的几年将揭示柯达是否做出了正确的选择。

在沙普沙克的文章中，他写道：

在所谓的数字技术干扰中，这无疑是最痛苦的一次……过去一周，令人震惊的公告络绎不绝，它们威胁到了面临类似干扰的老牌公司。

例如，苹果反对学校使用教科书，这是一个价值数十亿美元的产业，它结合了 iPad（显然，苹果一直在推动其硬件的销售，就像它处理 iPod 和苹果音乐的销售一样）和软件，创造出视觉上令人惊艳的互动效果……这些是 21 世纪的学习指南。在 21 世纪，数码族[1]更可能使用平板电脑，而不是个人电脑或其他我们仍然十分怀念但已过时的 20 世纪技术，包括那些完好的旧纸书。虽然在 Kindle 和其他电子阅读器问世之前，它们是传播文学或历史的最佳媒介……

---

1 在数码科技中成长的年轻人。——译者注

　　出版业已经为更多的颠覆做好了准备，尤其是图书出版商。他们早就注意到了亚马逊 Kindle 商店提供的自助出版功能。正如著名的格言所说："在别人颠覆自己之前，先颠覆自己。"

　　我们太赞同这句格言了。你必须超越传统的竞争环境，看看什么可能会扰乱你所在行业。我们称这股竞争力量为隐形竞争对手。这个竞争对手或颠覆者能很快进入一个行业并戏剧性地改变行业游戏规则。

　　在隐形竞争对手造成严重破坏的行业中，还有许多其他的例子。通过改变消费者获取商品和服务的方式，佳能完胜施乐。沃尔玛在美国及其他地域市场（如南非）成了零售行业的翘楚。亚马逊力挫 Barnes & Noble 书店[1]和 Borders 集团[2]。

　　如果有人跟你说你的行业绝不会被"扰乱"，那是不可能的。许多现有技术可能会以目前无法预料的方式催生新的隐形入侵者。例如，Serious 能源公司的凯文·苏拉斯（Kevin Surace）就凭借颠覆性的产品 iWindow，成为一个进入建筑材料这个古老领域的隐形入侵者。许多新的商业化机会正等待名为石墨烯这一举世瞩目的新型纳米材料的推广应用。另一个很好的例子是 3D 打印，它将给制造业甚至医疗行业带来怎样的影响？一位女士刚收到一块通过 3D 打印技术制成的新颌骨。这会是一个颠覆者吗？抑或是你的行业里的下一个隐形竞争对手？

　　根据维基百科条目：自 2003 年以来，3D 打印机的销售出现了大

1　Barnes & Noble 是美国最大的实体书店，全美拥有将近 800 家店面，也是全球第二大网上书店，仅次于第一名亚马逊。——译者注

2　Borders 集团曾是美国第二大连锁书店，已于 2011 年 2 月申请破产。——译者注

幅增长，这也推动了 3D 打印机成本的下降。3D 打印技术还应用于珠宝、鞋类、工业设计、建筑、工程和建筑、汽车、航空航天、牙科和医疗行业、教育、地理信息系统、土木工程等许多领域。

我们的观点是，任何强大的战略流程都必须考虑并描绘出隐形竞争对手。迪必艾挖掘隐形竞争对手的流程可帮助领导者清除这些潜在的威胁。曾担任南非大都会控股集团（Metropolitan Holding）首席执行官 29 年的彼得·道尔（Peter Doyle）评论道：

迪必艾战略流程的一部分——隐形竞争对手流程模块，是通过预见未来营商环境的特点，使团队能够预见新的隐形竞争对手可能是什么样子的。在创建模型的过程中，团队发现了一些能给公司带来新业务的因素。我认为这是一个很好的方式，它能让你自由地思考完全不同的想法。

但是，无论你对未来营商环境做出多好的定义，或者通过深思熟虑制定了拥有高度话语权的战略，除非能贯彻实施方案，否则所做的决定都无法实现。

障碍六：领导者无法让团队"参与进来"

战略管理是一个动态的过程，涵盖了业务的各个方面。需要有效的决策和战略思维来确定采取哪些步骤才能在市场上获得竞争优势，并且步骤必须具有足够的灵活性，以满足不断变化的环境需求。

各级管理层的职能是参与战略事务，包括环境分析、趋势预测和竞争对手分析，从而做出正确的决策，尤其是在不稳定时期。然而，很多时候企业战略只是首席执行官一个人的事情。

当管理层试图实施企业战略时，组织的运营却缺乏明确的方向，因为他们发现即使他们知道战略愿景是什么，自己的理解仍与首席执行官的理解大相径庭。首席执行官"独断"决策过程，员工无法对战略产生归属感和使命感，从而导致绩效低下，缺乏动力，甚至对企业产生怨恨。

由于没有让员工参与到战略决策过程当中，员工开始形成"我们"和"他们"的心态，这侵蚀了各个层级之间的积极配合关系。缺乏相互配合，员工士气低落，生产力下降。由于员工已与战略决策过程隔离开来，随着战略的实施，他们对企业战略的不充分理解变得愈发明显。通常，试图使员工对战略的理解达成一致的唯一工具是通过复杂的报告这种传统方式，但复杂报告往往难以理解，也难以实施。最后，企业既失去了员工的支持，又浪费了资源，以陷入"战略恐怖"而告终。这是一个术语，我们用来形容管理者不相信某件事情时的行为表现，他们会想尽办法找到所有不支持做这件事的理由或借口。因此，在这种情况下，战略实施根本就无从谈起。

"战略恐怖"的根源不在于执行或实施的能力，而在于如何通过让中层管理者参与战略的制定来建立信念。

障碍七：领导者认为缺乏执行力只是执行的问题，与战略本身无关

执行绝不是一件小事。将制定的战略转变成有形的市场、产品和客户是一项艰巨的工作。然而，我们发现，当面临困难时，许多领导

者会迅速将其归结为"执行"问题，而不是细致地检讨战略制定及所采用的流程。所采用的流程是达成战略共识的关键决定因素。这是最重要的方面，其次是把资源有效地投入执行能力的培养。换言之，糟糕的战略，或者没有人理解或同意的战略，无论"执行系统"有多好，都很难取得成果。

这个时候需要的是批判性的思维流程，它能凝聚管理团队，并促使他们一起制定战略，讨论关键问题，预测组织可能面临的内部和外部环境的变化。成功的关键是要有一个系统的、经过验证的流程来整合新团队的思想，归纳、提炼并推导出有意义的结论。

多年的经验表明，流程的推动者必须是一个经验丰富、客观的"局外人"。这样，参与者能够在公平、开放的氛围里畅所欲言、充分讨论，并确保首席执行官的思想不会主导整个流程。参与团队决策制定能让员工感受到自己在战略和组织中的归属感，从而激发员工对顺利执行战略的热情。企业战略制定从个人责任转变为团队责任。通过这种方法，团队中的每个成员都积极参与企业经营理念的详细设计和开发，从而对所涉及的战略有了更大的认可。对战略的深入了解，使边界得以设立和维护，可交付成果得以满足，企业计划得以顺利实施。

通过让团队成员共同为企业的未来制订有意义的战略计划，所有成员都能达成一致并制订行动计划，确保战略的有效实施。

障碍八：领导者未能适当、有效地进行资源配置

即使你拥有绝妙的战略，整个组织都全力投入创建新的商业游

戏，如果战略的实施得不到适当的资源支持，也是没有希望的。

财力资源当然是其中的一个要素，但现金并不是战略顺利实施的唯一先决条件。变革型领导者请避免以下陷阱：

- 不能全情投入实施。根据我们的经验，真正相信并对战略充满热情的领导者将不懈地推动战略，他会用具体和相关的术语来谈论战略，以及战略对每个人的影响和价值在何处，无论其级别或职位如何。这是活生生的战略，不是放置在架子上积满灰尘的文件。
- 战略实施资源不足。战略实施预算需要精确计算。
- 管理时间的资源不足。不要假设每天超负荷工作 10~12 小时的管理人员可以在凌晨 3:00-5:00 点开工！
- 缺乏"强兵猛将"。如第 9 章所述，战略实施将需要整个组织的卓越决策技能整合起来。

什么是战略思维

对我们而言，战略思维是首席执行官和管理团队的一种思维方式，它试图将概念和抽象的愿景转变为一种工作动态工具，我们称为战略轮廓。事实上，战略思维类似于"绘画"，即组织的管理层从字面上"绘"出他们希望企业在未来某个时刻的样子的画面或轮廓。

为什么管理团队要花时间做这件事？这种努力将如何帮助组织？

答案很简单。这样的战略轮廓将给组织的员工一个"目标"，帮助他们在一段时间内做出一致的、合乎逻辑的决策。大家围绕目标"框架"内的决策和计划共同奋斗，避免周旋于那些"框架"外的干扰（见图 3.7）。

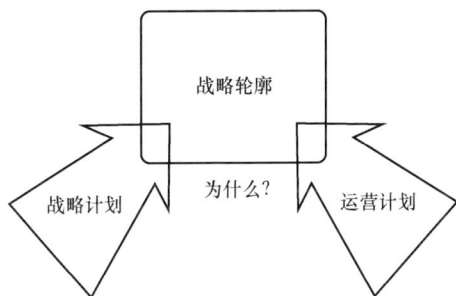

图 3.7　将战略轮廓作为目标

确定企业的未来战略轮廓

我们该如何描述组织未来的战略轮廓？组织未来的战略轮廓有四个基本组成部分。正如人的面部轮廓由眼睛、耳朵、鼻子和嘴组成一样，组织未来的战略轮廓由产品/服务、客户/用户、行业和市场区隔、地域市场组成（见图 3.8）。

在组织中开展的工作，要么是战略轮廓的输入（如资本、制造流程和分销系统），要么是战略轮廓的输出（如盈余、利润和红利）。

然而，战略思维向前又迈进了一步：确定企业在"产品/服务、客户/用户、行业和市场区隔、地域市场"四个方面哪些应该重点关注，哪些应该减少关注（见图 3.9）。

图 3.8　战略轮廓组成部分

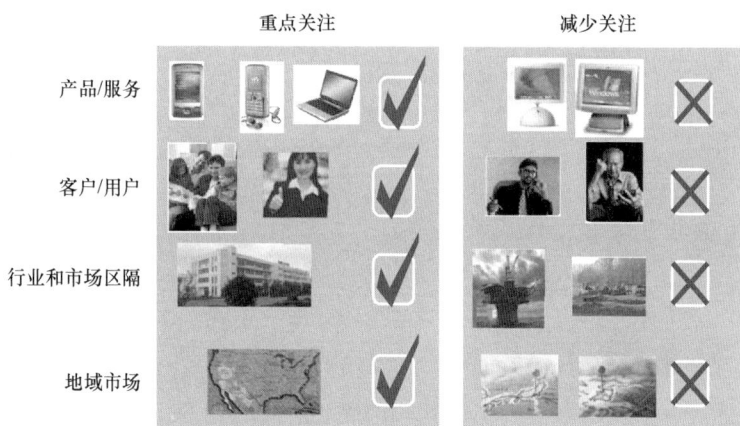

图 3.9　未来战略重点

从战略上讲，了解战略或愿景是否适合自己往往比了解它的作用更为重要。原因是，管理层需要执行两项关键任务，这两项关键任务确定了组织的方向，并影响了组织的最终发展。

首先，管理层要分配好资源。从战略上配置资源意味着为组织希望重点关注的未来战略轮廓提供更多的资源。换言之，那些会带来产品/服务、客户/用户、行业和市场区隔、地域市场的活动，即图3.9中左侧部分的活动，将获得优先处理，而那些位于右侧部分的活动将无法获得资源。

其次，管理层要确定组织应该抓住哪些机会。未来的战略轮廓再次成为这些机会的最终筛选标准。

战略轮廓或愿景以这种方式传达并嵌入组织里所有关键人员的头脑中后，我们现在可以开始进行战略管理了。战略轮廓或愿景成为组织内所有决策制定的最终检测平台。

接下来的问题是，我们如何界定得到重点关注的项目与减少关注的项目之间的分界线？回答这个问题势必引出战略思维的一个最重要的概念：什么决定了企业的战略核心？

4 / 决定企业的战略核心

如果你想在你所选的行业沙盘中取得领导地位，你的组织需要拥有一个重要且可持续的差异化战略，该差异化要让竞争对手难以复制，并使你的组织在市场具备独特的价值。当然，大多数组织已有既定的战略，但很少有组织能清楚了解自己独特的差异化在哪里（如果有的话），即使在过去曾取得了成功。也很少有组织会沿着差异化的道路去创造一种情境或制定一项战略，让其能够在未来所面临的环境中取得成功。

我们称这个决定性因素为驱动力。它是一个组织独有的业务组成部分，是管理层针对未来产品、未来客户和未来市场做出选择的关键决定因素。如果没有对驱动力这一概念的理解和认同，管理层将很难制定超越竞争对手的战略。

什么使你的战略有效

判断首席执行官和管理团队是否拥有战略思维的最佳方法是，在会议上观察他们是否会决定尝试寻求新机会。当参加这样的会议时，我们注意到管理层会将每个新机会通过不同的过滤等级进行筛选。其实，最终的筛选标准还是要看新机会带来的产品、客户和市场与组织的核心组成部分（核心驱动力）是否契合。如果契合，他们会对这个新机会感到满意，并会继续执行下去。反之，新机会将被否决。

　　然而，不同的组织寻求不同的契合点。一些组织寻求与产品的契合。另一些组织则不太关注与产品的契合，而更关注与客户群的契合。还有一些组织对与产品或客户群的契合都不感兴趣，而是对与所涉及的技术、销售和市场营销方法、分销系统的契合更感兴趣。以下是一些具体例子。

　　戴姆勒收购克莱斯勒时在寻找什么样的契合点？很明显，是与产品的契合。强生收购露得清面霜时，却寻求完全不同的契合点，并带来了截然不同的产品。强生一直在寻找一个产品，能同时服务于医生、护士、病人和母亲客户群——这是强生战略的核心。3M 在选择新机会时会寻求另一个契合点。3M 不在乎产品是什么，也不在乎客户是谁。3M 真正关心的是，新机会所需的技术和 3M 战略核心的技术——高分子化学之间是否契合。如果契合，那么 3M 管理层会很乐意抓住这一机会。

十大战略组件

　　接下来的问题是：组织的哪些方面会影响管理层如何分配资源或选择机会？我们发现，在与迪必艾合作的全球 1 000 多家公司中，每家都包括以下十大战略组件。

1. 每家公司都出售产品或服务。

2. 每家公司都将其产品或服务出售给特定类别的客户或用户。

3. 这些客户或用户总是处于某些特定类型的市场中。

4. 每家公司都在其产品或服务中应用了相关技术。

5. 每家公司在某处都有一个制造工厂（或场地），具有一定的产能或产量生产产品或服务。

6. 每家公司都使用某些销售或营销方法为其产品或服务获得客户。

7. 每家公司都采用一定的分销方式将产品从其所在地运送给客户。

8. 每家公司都在一定程度上利用了自然资源。

9. 每家公司都对其规模或增长进行监控。

10. 每家公司都对其回报或利润进行监控。

在与这些客户的合作中，我们发现了两个关键信息。首先，每家公司都包括这十大基本战略组件。其次，更重要的是，随着时间的推移，这十大基本战略组件中的一个往往会主导公司的战略。这个特别的战略组件会被一次又一次地利用和关注，从而决定了管理层如何分配资源或选择新机会。换言之，这个战略组件就是战略的引擎——所谓的公司 DNA 或驱动力。这种驱动力决定了管理层对产品、客户、行业和地域市场的关注度的多少（见图 4.1 和图 4.2）。

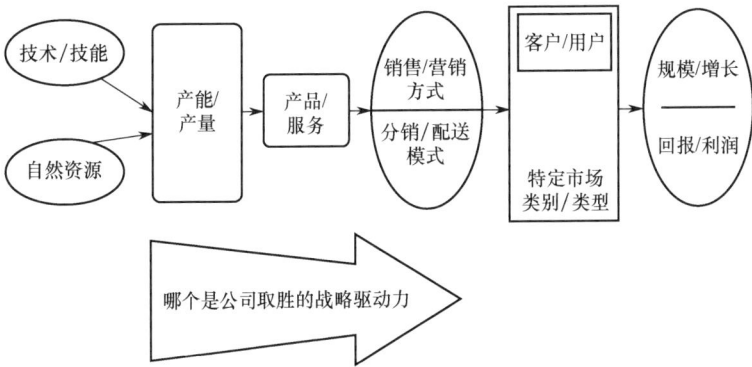

图 4.1　每个公司都包含十大战略组件

图 4.2　驱动力决定组织战略框架

BHS 前首席执行官亨尼·杜·普莱西斯，现为 Bytes Document Solutions 在南非的首席执行官，在谈到驱动力时说："当谈到迪必艾的驱动力概念时，我们从思想上完全认同它。我们认为它通过一种非常有趣的方式，使我们理解了合并后业务的全部内容，尽管那时我们还没有进行过对话。"

驱动力的定义

为了帮助大家更好地理解这一概念，我们把组织比作运动体。每个组织，在任意一天，都是一个运动着的朝某个方向前进的有机动力体。我们的观点是，公司运营的十大战略组件的任意之一都是管理层做出决策背后的战略引擎。下面是一些典型的示例。

产品/服务驱动型公司

以产品为驱动力的公司是"锁定"某种产品概念的公司，产品功能和外观不会随时间的推移而发生太大变化。未来产品是对当前产品的改良、修补或扩展。换句话说，产品驱动型公司的未来产品是现有产品的衍生产品，而现有产品是原始产品的"遗传"衍生物。

汽车行业就是一个很好的例子。汽车的基本功能（路面交通或运输工具）已经一百年没有改变了，以后的一百年可能也不会改变。丰田、奔驰和大众都在推行以产品为驱动力的战略，无论是汽油车还是电动车。其他遵循这一概念的公司如波音和空客，其产品概念是"飞行器"；而保险公司，其产品是"保险"；哈雷·戴维森的产品概念是"通过非凡的摩托车实现梦想"。

客户/用户驱动型公司

以客户/用户为驱动力的公司围绕一个特定的、可描述的客户或用户类别"锚定"其业务。该类型的企业专注于研究特定客户或用户的需求，发现新机会后，生产出满足这类客户或用户需求的产品。因此，该类型企业的产品范围通常非常广泛，彼此之间几乎没有相似之处。购买、使用这些产品的客户或用户基本上是恒定不变的。

商品包装公司和特殊兴趣爱好类杂志出版商就是此类公司的例子。强生为"医生、护士、病人和母亲"提供多种健康方案和健康相关产品的战略就是一个很好的例子。

特定市场类别/类型驱动型公司

以特定市场类别/类型为驱动力的公司和以客户/用户为驱动力的公司非常相似，不同的是，以特定市场类别/类型为驱动力的公司有意将其业务定位于可描述的市场类别/类型上，而不是具体客户或用户上。由此，这个市场是它所服务的唯一市场。该类型公司的战略是不断地审查该市场，以确定相关需求。一旦发现新需求，不相关但满足同一市场的合适产品就会被生产出来。

美国医院设备供应公司（现已被 Allegiance 公司收购）是一个很好的例子。就如它的名字，这家公司确定了其业务所依托的市场——医院。该公司的战略是满足来自医院市场的各种需求。因此，这家公司的产品范围从便盆到缝合线，从纱布垫到电子成像系统，等等。这些产品彼此毫不相关，也不是原始产品的衍生物。唯一的共同点是，它们都是在医院里使用的物品。另一个例子则是迪士尼的"家庭健康娱乐"概念。

技术/技能驱动型公司

以技术/技能为驱动力的公司将其战略"锚定"于其发明或已获

取的硬性和软性的技术以及技能，这些技术或技能是公司业务的根本。公司有能力增强或补充未成熟的技术或技能，而这些技术或技能还不能应用于现有的产品。该类型的公司将在市场上寻找这种技术或技能的应用，并将其转化为产品。随着时间的推移，该类型的公司涉足了广泛的产品领域，所有这些产品都源于特定的技术，并为广泛的客户和细分市场提供服务。

杜邦公司在合成纤维行业的尼龙和人造丝的发明就是一个很好的例子。3M 公司和以煤及天然气为原料生产石油的南非合成油集团是此类型公司的好例子。

产能/产量驱动型公司

以产能/产量为驱动力的公司通常会对生产设备进行大量投资，目的是保持该生产设备的最大产能。这种能力在本质上通常是容易变化的，因此组织必须提供充分利用这种能力的产品。所以，该类型公司的产品范围非常广泛，唯一的共同点就是需要保持生产设备尽可能开足马力生产。从历史上看，制浆造纸公司、钢铁厂和炼油厂都属于这一类别。还有一类以产能/产量为驱动力的公司，占据它大量投资的未必是生产设备，而是固定场所，如餐饮、商超等实体店。

这些产能/产量驱动型公司必须在生产过程中培养一些独特的能力，并利用这些独特能力让竞争对手难以复制。而后，该类型公司会利用这些独特的能力去开拓新机会。

销售/营销方式驱动型公司

以销售或营销方式为驱动力的公司，其产品、客户和市场取决于其独特的销售方式。例子包括：通过"门到门"销售产品的公司，如安利、玫琳凯等一些直销公司，或者通过家庭聚会销售产品的特百惠公司等，或者利用电视或视频直播等销售产品的公司，或者通过互联网销售各种消费品的公司，如亚马逊公司。

驱动力对公司产品性质有很大的制约，销售/营销方式驱动型公司决不会提供由于尺寸、重量、体积或其他特征无法通过其销售方式销售和交付的产品。该类型公司会建立自己独特的销售和营销方式，然后再去选择卖哪些产品，锁定哪些目标客户，以及确定哪些细分市场。

分销/配送模式驱动型公司

由分销/配送模式决定产品、客户和市场的公司称为分销/配送驱动型公司。该类型公司需要拥有或完全控制特定的分销模式。电话公司拥有庞大的电线网络和配电塔，这决定了它们为客户提供的产品或服务的性质。联邦快递公司的理念是"24 小时内为世界上任何地方的任何人传递任何物品"，这也是一个很好的例子。

自然资源驱动型公司

当获得或追求自然资源成为一家公司产品和市场的主要决定因素时，那么这家公司就是自然资源驱动型公司。自然资源驱动型公司的例子有渔业公司、石油公司、矿业公司、木材公司或水利公司。

规模/增长驱动型公司

仅仅为了规模而寻求规模的公司属于规模/增长驱动型公司。追求增长以实现规模经济的目的决定了公司寻求的市场和提供的产品。该类型的公司只为了增长而追求增长。这是它们判断任何一个新机会的唯一标准。

回报/利润驱动型公司

如果进入产品或市场领域的唯一决定因素是回报/利润，那么该类型的公司则属于回报/利润驱动型公司。多元化集团就属于该类型公司。它们通常按照子公司全面自治的形式管理集团下属机构。除了既定的利润关系，这些子公司之间通常很少或根本没有联系。子公司的并购或出售也是根据此标准来执行的。

关键战略问题

当引导客户进入战略思考流程时，我们会让首席执行官和管理团队讨论三个关键问题，使他们确定公司当前和未来的驱动力。

问题 1：公司当前的业务中哪部分正推动着战略，并形成了目前的产品、客户和市场？

如果这时候房间里有 10 人，你猜我们能得到多少个答案？10 个，有时甚至更多。原因很简单，每个人对公司业务的哪部分是公司战略背后的驱动力都有不同的看法。这些不同的看法导致了对组织前进方向的不同愿景。在这种情况下，困难在于团队中的每个成员都有可能做出左右公司方向的决策，因此公司在前进的道路上曲折难行，很难在任何一个沙盘中确立话语权地位。不可避免的后果就是资源被错误地使用了。

迪必艾采用的方法论是鼓励管理层回顾他们所做决策的历史过程，并通过这样做让他们建立起一种认知模式。通常，他们的大多数决策都是为了支持业务某个部分的发展。因此，管理团队由此能认识到当前战略背后的驱动力究竟是什么。

问题 2：公司业务的哪部分应该成为公司未来战略的驱动力？

这个问题更为重要，因为它表明，公司未来的战略不应仅仅以当前战略为基础进行推断。任何战略都需要适应公司未来将会遇到的环境，而这种环境可能与过去遇到的环境大不相同。这个问题是构想突破性战略的基础，突破性战略打破了当前沙盘的假设，创造了新的行业游戏的假设，为超越竞争对手获得话语权提供了更大的机会。突破性战略促使公司能够以一种比竞争对手更具增长力和利润空间的方式来创建或重新定位自己在未来行业沙盘中的位置，从而进一步取得行业的控制权。

问题 3：这种驱动力将对公司在未来产品、客户和市场方面必须做出的选择产生什么样的影响？

公司选择的驱动力作为战略引擎将决定其管理层对产品、客户和市场方面的选择，包括将重点关注哪些，减少关注哪些。随着时间的推移，这些选择将塑造公司乃至整个行业的形象。每种驱动力都会致使管理层做出非常不同的选择，这将使公司看起来与今天的状况大不相同。换言之，正如你的个人 DNA 决定了你的长相，以及你为什么看起来与其他人有所不同一样，公司的 DNA 也是如此。公司选择业务的某个部分作为战略的 DNA，这将决定公司最终会是什么样子的，以及为什么它看起来与竞争对手不同。

BN 公司和庞巴迪欧洲铁路公司（Bombardier Eurorail）前董事总经理伯纳德·索雷尔（Bernard Sorel）表示：

驱动力和控制行业沙盘的概念已经成为我们惯常工作方式的一部分。我曾三次注意到，迪必艾流程中的驱动力概念使管理团队能够清晰地阐明战略宣言、战略目标和简短列表中的关键问题，并使公司能够更有效地管理资源。这一流程有助于管理层将资源瞄准战略目标，避免分散和浪费精力。

阐明经营理念

驱动力概念是一种工具，使管理层能够确定哪个业务领域是公司产品、客户和市场的根本所在，在战略上比任何其他领域对公司都更为重要。

驱动力概念是一种工具，使管理层能够清楚地诠释以这种方式开展经营的理念。每种业务都是基于某种概念存在的。我们现在需要制定一份简短声明，解释这部分是如何成为整个业务的核心的，以及它将如何推动组织并决定未来的产品、市场和客户的选择行为。这份声明将成为企业经营的概念基础。

20 世纪上半叶担任通用汽车首席执行官的艾尔弗雷德·P. 斯隆（Alfred P. Sloan）在其著作《我在通用汽车的岁月》（*My Years with General Motors*）一书中这样写道：

每家企业都需要一个经营理念。这样你可以依据行业的实际情况进行合理经营，而不是碰运气。不同的企业拥有不同的经营理念，各自展示了自己的活力和决策模式，从而浮现不同的竞争力。

正如斯隆所描述的那样，撰写这一声明时，必须避免以"毫无意义的任务"结束。"毫无意义的任务"的陈述虽然非常笼统，但听起来有种神秘的能力，能让每个人都同意一些大家无法理解的事情。

下面是一个例子："我们是一家成功的、不断成长的公司，致力于通过将我们的行动与股东的期望保持一致来实现卓越的业绩。我们的首要任务是为股东创造价值。"

另一个典型例子："我们的使命是提供具有卓越竞争力的质量和价值的产品及服务，确保销售和收入的强劲增长，实现股本回报率和现金回报率持续增长，并让员工在各个层面上都表现出色。"

这些语句显然毫无意义，因为它们被当作做决策的过滤器使用时毫无用处；它们最终将被抛弃，因为它们允许一切因素通过，不能过滤掉任何事物。

如何为股东增加价值？　通过做什么事情？通过生产什么产品？通过销售给哪些客户？通过专注于哪些细分市场？通过寻找哪些地域性市场？

如果不能恰当地回答这些问题，怎么能指望有人能适当地分配资源并选择合适的新机会呢？难怪有这么多的《财富》500强企业失去了大量的市场份额，不得不进行大规模的裁员计划。

我们对战略宣言的内容的看法很简单：

- 一个好的业务或战略概念不应超过两段话。它并不需要一页一页地详细描述业务内容。然而，每个词，包括修饰语或限定词都必须仔细地考虑，因为每个词都会针对产品、客户和市场划出一条分界线，决定着它们被关注的程度。

- 我们认为，人们执行战略的能力与宣言的长度成反比。

因此，宣言必须准确和简明。上述驱动力概念是一种工具，它使管理层能够确定哪些业务领域是公司产品、客户和市场的根源，并且在战略上比任何其他领域对公司都更为重要。同时，它是一种让管理层能够阐明以何种模式开展业务的工具。

根据所选择的驱动力，组织的经营理念或战略将大不相同。即使不同的公司拥有相同的驱动力，它们可能仍然具有彼此不同的经营理念，朝着不同的方向发展。汽车工业中可以找到一些很好的例子：沃尔沃、梅赛德斯、宝马和大众都可以说是产品驱动型公司，它们只生产汽车。然而，这些公司对其产品的概念各不相同。

- 沃尔沃生产"安全耐用的汽车"。
- 梅赛德斯生产"最精良的汽车"。
- 宝马生产"纯粹驾驶乐趣的汽车"。
- 大众生产"人民的汽车"。

结果是，这些公司都走上了一条稍微与众不同的道路，很少与其他公司正面竞争，即使它们都生产相同的产品——汽车。

战略性经营理念的示例

以下是我们帮助客户构建的一些经营理念的示例。为保密起见，我们省略了有关公司的名称。

示例 1

我们的战略是销售、制造和分销锯片产品，它们由带状金属制成，具有非凡的品质。

我们将专注于高性能材料的分离应用，在这些应用中，我们可以利用集成制造能力，开发具有明显优势的新型定制产品，从而给我们的客户带来更高的性价比。

我们将努力细分客户和地域市场，在这些细分的市场中，把优质的分销和技术支持服务相结合，并作为我们的主要竞争优势。

示例 2

我们的策略是提供再保险产品，协助组织管理人寿、健康和年金风险。

我们将利用自身对死亡率和发病率风险管理专业知识使自己与众不同。

我们将专注于可以建立和保持我们领导地位的细分市场。

我们将专注于以增长为导向的"自由"地区，通过可靠的数据库和可预测的风险模式实现足够多的平衡投资组合。

示例 3

我们积极寻找商业和民用住宅建筑行业的专业人士，一起实现建造、维修和改造方面的需求。

我们提供具有成本效益和差异化的主打产品，这些产品都是同类产品的领先者，它们能提高性能或简化关键建筑材料的安装。

我们专注于那些重要和/或显著增长的建筑业，以及有足够分销基础设施的地域市场，以满足数量可观的最终用户。

我们的目标是成为我们所提供产品的公认领先者。

示例4

我们的战略是满足癌症患者及其家庭的全方位医疗保健需求。

我们提供的治疗方案的独特之处在于，方案是由顶尖的专业团队会诊得出的，与患者无缝链接，帮助患者做出最适合的决定。

我们将专注于与癌症治疗的所有参与者共同开发具有竞争优势的地域市场。

我们的目标是成为公认的领导者，为客户提供正面的、可衡量的成果。

保持战略健康有力

经过多年的观察，我们注意到有些公司可以在很长一段时间内成功地延续其战略。在同一行业中，其他公司很难做到这点，他们的绩效水平会随着时间的推移像溜溜球般上下漂移不定。那么，究竟秘诀在哪里呢？

随着时间的流逝，组织的战略会像人一样变得越来越强大，越来越健康，或者越来越虚弱，还会生病。在我们看来，一家公司长期以来精心培育的卓越领域决定了公司走向何方。公司要保持战略的强大和健康，使自己在市场上占据优势。卓越领域是战略思维的另一个关键概念，它是一种可以被描述的技能或能力，这种技能或能力是公司长期精心培育出来的，其水平高于公司其他技能或能力，尤其是超越了其他任何竞争对手。它是在以上阐述的两到三个关键领域展现出来的战略能力，可以使战略保持活力并发挥作用。这种战略能力就是我们所说的卓越领域。

决定战略竞争优势的组织能力

决定公司战略成功所需培育的卓越领域是至关重要的，因为它们在不同的驱动力之间存在很大的差异。

以产品/服务为驱动力的组织能力

产品/服务驱动型公司赖以生存的是其产品或服务的质量。为了生产出比市场上任何其他竞争对手都好的产品，公司必须把更多的资源投放在产品开发上。而后，公司必须通过强有力的售后服务来支持面向市场销售的产品。在产品/服务驱动模式下，公司通过培养卓越的产品开发和服务能力来保持竞争优势。

以用户类别/市场类型为驱动力的组织能力

一个以用户类别/市场类型为驱动力的组织也必须培育其卓越领

域，优化其竞争优势，但在截然不同的业务领域。用户类别/市场类型驱动型公司已将其命运交到用户或市场手中。因此，为了生存和发展，它必须比任何一个竞争对手都更清楚自己的用户或市场特征。这类企业必须牢牢掌握用户的习惯、人口情况、用户的喜恶等任何变化的信息，并利用这些信息深入地分析用户的需求，从而培养用户对公司产品或品牌的忠诚度。在用户类别/市场类型驱动模式下，公司可以通过追求卓越的用户/市场研究和忠诚度来增强竞争优势。

以产量/产能为驱动力的组织能力

以产量为驱动力的战略要求降低生产成本，因为该类型的公司通常受市场上原材料的价格（如纸浆价格、黄金价格或木材价格）所驱动。而原材料的价格通常是由全球大宗商品市场上的贸易商制定的。该类型的公司只是其产品原材料的价格接受者，而不是价格制定者。它们必须提高生产效率，降低生产成本，提高利润率。对降低生产成本有直接影响的第二个要求是替代营销。产量驱动型公司需要善于将其机器上的产品替换为其他产品。纸业公司会考虑用纸盘、卫生纸、纸巾等替代新闻纸张。

产能驱动型公司是指在生产过程中构建的特殊能力，该能力使其能够生产出竞争对手难以复制的产品。随后，它会寻找可以利用这些能力的机会。例如，职业中心和专业打印商就是很好的例子。因此，这些公司总是希望提高或增强这些独特的生产能力，因为它们的竞争优势就在于此。

在产量/产能驱动模式下，公司可以通过培养卓越的生产效率和替代营销来提升竞争优势。

以技术/技能为驱动力的组织能力

技术/技能驱动型公司以使用技术或专有技能作为其优势。因此，要想在这一战略下获胜，就要求公司在"研发"方面特别优秀，无论是基础研发还是应用研发，都要比竞争对手更迅速地推动专业技术，并创造新产品和新市场。技术/技能型公司是创建市场而不是响应需求，并且让市场跟随技术的指引。技术/技能型公司的卓越领域还体现在为技术/技能寻找应用市场。该类型的公司似乎有一个诀窍，可以为它们的技术找到各种需要高度差异化的产品的应用。在技术/技能驱动模式下，公司可以通过培养卓越的研究和应用营销能力来增强竞争优势。

以销售/营销方式为驱动力的组织能力

销售/营销方式驱动型公司的蓬勃发展取决于其销售方式的覆盖范围和有效性。因此，该类型的公司必须培养的第一个战略技能是不断招聘销售人员。成功实施这一战略所需的第二项战略技能是提高销售方法的有效性。对产品知识、产品演示和销售技巧方面的持续培训至关重要。在销售/营销方式驱动模式下，公司可以通过培养卓越的销售人员招聘和销售效率来提高竞争优势。

以分销模式为驱动力的组织能力

要想在推行分销模式驱动型战略的同时赢得竞争，首先，公司必须拥有最有效的分销模式。你提供的产品或服务必须能使用或加强你的分销系统。其次，你必须一直寻找方法来优化系统的效率，无论是成本还是价值，那是你的优势。在分销模式驱动下，公司可以通过培养卓越的系统效能和系统配置来增强竞争优势。

以自然资源为驱动力的组织能力

成功的自然资源驱动型公司善于探索和发现公司经营所需的资源。一旦资源供应得到保障，公司需要将这些资源转换为市场所需的具有一定利润空间的最终产品。在自然资源驱动的模式下，公司可以通过培养卓越的开采和转化能力来保持竞争优势。

以规模/增长为驱动力的组织能力

规模或增长驱动型公司推动规模经济时要求所选市场的交易最大化。为实现增长目标，公司可通过开疆拓土壮大市场或收购其他公司的方法寻求增长机会。第二项技能是通过管理资产让公司资产不断增值的能力。这将确保公司不会在寻求高增长时使其产品或市场失去阵地。在规模/增长驱动模式下，公司可以通过交易最大化和资产管理来增强竞争优势。

以回报/利润为驱动力的组织能力

选择回报/利润驱动战略的公司需要卓越的财务管理能力。其中一个领域是投资组合管理。这意味着公司能够熟练地进行资产投资，达到整个组织回报/利润的最大化。第二个卓越领域是信息系统。该类型的公司通常都会设置一个监督小组，持续监控各部门的业绩，一旦发现问题，便尝试改正或消除这些问题。在回报/利润驱动模式下，公司可以通过培养投资组合管理和信息系统方面的能力来增强竞争优势。

为什么卓越领域的概念是战略思维的一个组成部分？因为每种驱动力都要求具备一些独特的技能。没有哪家公司拥有足够的资源，可以在每种驱动力下的所有战略领域内均衡地发展所有技能。因此，战略决策依赖于管理层的能力，特别是他们能够清楚地识别出对战略成功至关重要的两三项技能，并为这些领域优先提供资源。在繁荣时期，这些领域将获得更多的资源；在困难时期，它们会是最后被削减的领域。

5 / 战略思维流程：从战略制定到部署

"流程"一词经常在商界听到，因此人们会认为这个词的意思是很好理解的。但经验告诉我们，并不一定。事实上，我们已经注意到有几个不同的词也可用来表达"流程"，如系统、方法、程序、公式和实践等。我们的目的不是试图定义每个词，而是要描述我们对"流程"这个词的理解。事实上，为了定义这个词，我们首先需要理解"概念"这个词的含义。

在迪必艾，我们将"概念"定义为解释某种现象或行为的想法或假设。其中包括以下例子：

- 驱动力。
- 卓越领域。
- 控制沙盘。
- 隐形竞争。

"流程"是将许多概念或步骤组合成一个逻辑序列，从而使人们能够更有效地运用流程。换言之，流程是一系列被编码的概念。

在任何组织中都有两种类型的流程在起作用，我们称为"硬"流程和"软"流程。硬流程很容易被编码，因为它们很容易被检测到，并且可以跟踪它们的步骤序列，将其绘制成流程图。硬流程在大多数组织中存在的例子包括：

- 资金支出申请流程。
- 人员招聘程序。
- 客户投诉汇报流程。
- 采购流程。

软流程发生在人们的大脑里，是一个人思想的反映。软流程更难被编码，因为它们发生在不易被探究的地方——人们的大脑或内心。然而，近40年来，我们一直专注于将"批判性思维流程"编撰成册，并设计成一系列引导思维流程，通过工作坊或咨询项目，帮助企业制定和部署独特战略，开发新市场和全新产品，并在变化莫测的环境中做好情境管理等。这也是我们公司卓越领域所在。

这些流程是我们通过与数百名首席执行官及其管理团队一起参加他们真实的工作会议、讨论战略和产品开发等话题时总结出来的。通过倾听他们的谈话，了解他们的思想，我们发现了其中的某些"概念"似乎是这些讨论的根源。我们经常看到同一个概念被几家不同的公司采用，这有助于我们归纳提炼成某种思维模式，并在现实中得到验证。然后，我们将这些概念按逻辑顺序或"流程"组织起来，再加上一系列独特的问题，这些问题可以激发组织管理者思考并有意识地使用，使他们通过清晰的脉络而不是拍脑袋做出决策。

IMC 集团董事钟志杰（Chung Chee Kit）谈到我们的思维流程的优势时说："这个流程的优势是它不仅拥有理论基础，还能在实际中有效实施。"任何组织的首席执行官和领导者的首要责任都是为组织制定战略，以赋予员工方向感，并赋予他们能量，使公司在竞争对手中脱颖而出，获得话语权。迪必艾专有的战略思维流程是协助首席执行官开启这项工作。如何开启呢？分五个阶段进行。

第一阶段：介绍和概念输入会议

经验告诉我们，有效的战略研讨会不是始于研讨会当天，而是至少一个月前。我们的方法是在正式的战略研讨会发生前四到六周开展两项活动。第一项活动是，我们给小组成员介绍一些概念和流程方法，让他们提前熟悉相关概念和流程方法。第二项活动是，介绍我们的战略输入调查，要求参与者在一个月内完成一系列有关公司各个方面问题的回答，为一个月后为期三天的战略会议做好准备。他们的答案会成为下次战略思维会议的"原材料"。我们收集他们的答案后进行编辑、归纳和整理。我们的目的是鼓励他们对这些关键议题给予深入的思考，并从中获得有意义的答案，而不是在会议现场获得即兴"头脑风暴"式的答案。

第二阶段：战略思维会议

这是与组织的高级管理团队进行的为期三天的分组会议。图 5.1

显示了战略思维会议讨论时涵盖的相关内容。

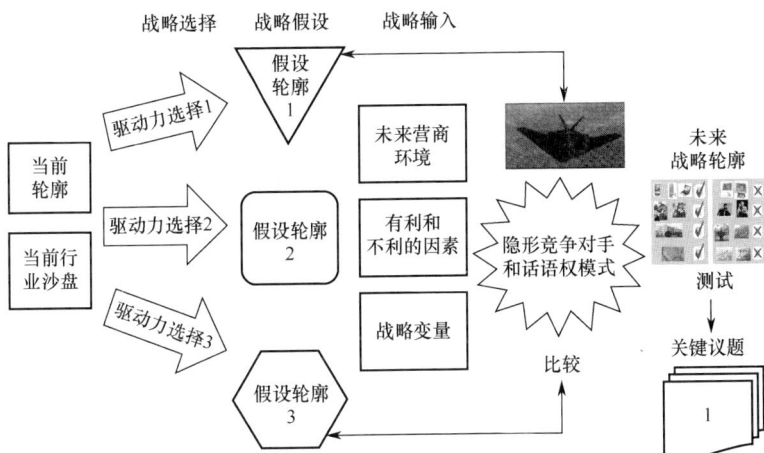

图 5.1　战略思维会议讨论时涵盖的相关内容

　　会议第一天，根据公司当前现状制作一张组织"快照"，包括识别公司所有产品、所有客户、所有细分市场和所有地域市场的共同特征。通过识别公司上述四个要素的共同特征，我们可以发现公司当前的驱动力、当前的经营理念和当前的卓越领域。就公司当前的轮廓达成一致是制定战略的出发点。

　　接下来是构建公司目前所处的行业模型，以确定相应的游戏规则。这是"改变规则"或"创造新行业沙盘"，从而获得竞争优势的一个重要步骤。为此，需要回答以下几个问题：

- 现在的行业游戏是怎么玩的？
- 谁是当前行业游戏的参与者？
- 谁（实体）控制着这个行业沙盘的游戏规则？
- 谁（实体）影响着这个行业沙盘的游戏规则？

- 哪些公司受上述实体的摆布？
- 我们该怎么做才能免除它们的控制或影响？

这个流程的下一环节是对外部环境进行扫描，确定我们以后所处的未来营商环境是什么样子的。一旦对未来的"图景"感到清晰，我们就可以更具体地判断并确定在未来的环境里的那些战略变量，无论是对我们有利的还是不利的。这将有助于我们在自己的沙盘范围内构建话语权。第一天的最后一个环节需要就战略变量达成一致，这些战略变量将决定组织在未来应对变化及竞争环境时该采取何种措施。

会议第二天，首要确定我们业务的哪些组成部分可能是未来战略的驱动力，以及潜在的"隐形竞争对手"。

我们的客户发现，创建隐形竞争对手的流程不仅有趣，甚至还是一次潜在蜕变的过程。通过了解当前行业游戏是怎么玩的，谁制定游戏规则，我们可以探寻谁是"隐形竞争对手"，并可能踏入这个行业沙盘，试图为自己建立话语权，通过改变游戏规则来给我们制造麻烦。在这个过程中，其中一个团队会被分配到这项任务，任务要求他们制定一个特定的战略和商业模式，模拟这样一个"隐形"的入侵者对我们进行攻击以获得话语权。

发生这种情况时，我们需要讨论究竟哪种业务驱动力可以成为组织未来战略的引擎。我们已经得知，公司通常先选出两三个可能成为未来战略引擎的驱动力。随后，我们勾勒出每个驱动力"可能的轮廓"，不论我们着重强调与否。通过这些"假设的情景"，使首席执行官和管理团队能够选择最能应对当前所有竞争对手及任何可能入侵的"隐形竞争对手"的驱动力。

战略会议的最后一天聚焦于让管理团队需要处理和花时间解决的关键议题浮出水面，以便在选定的行业沙盘中实现、维持或增强话语权地位。

关键议题的识别

关键议题是管理层有意追求的组织当前轮廓和未来战略轮廓之间的桥梁。一旦组织的方向确定了，控制方向就开始了。持续控制这一方向意味着管理源自四个关键领域的关键议题（见图5.2）。

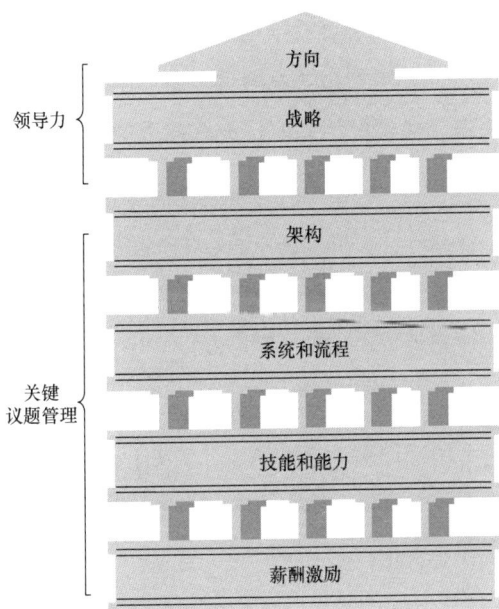

图 5.2　关键议题的识别与管理

- 架构。
- 系统和流程。

- 技能和能力。
- 薪酬激励。

与架构相关的关键议题

我们的一位客户最近向我们提出了一个很好的问题："大多数同行业的公司的管理方式都很相似，这是否意味着它们拥有相似的战略呢？"

毕竟，大多数公司都有营销部门、销售部门、生产部门、工程部门、会计部门、信息技术部门、人力资源部门等。大多数公司在地域管理上也采用类似的方式，由国内运作部门和按国家或区域划分的部门组成。公司还可以按产品或国家进行分类，形成"矩阵式"组织。由此看来，类似的组织似乎会采用类似的战略。

事实远非如此！尽管结构看起来好像源于相同的业务模式，但存在着重要的细微差别，这些细微差别使各个部门以非常不同的方式运行。例如，虽然男士经常穿西装，女士经常穿裙子，但没有两位女士或两位男士的行为举止是完全一样的。

商界也是如此。尽管所有公司都"穿着同样的衣服"，但没有两家公司在市场上的运作是完全相同的。事实上，如果仔细观察，你就会发现，即使不同的公司使用相同的部门名称或职务名称，实际上它们的运作管理却大不相同。

决定组织结构的隐形因素是驱动力，它是企业战略的根本。

以之前提过的 3M 和强生为例。3M 是围绕"应用"展开其业务的，它从高分子化学中发现了它的驱动力。由此，它有一个磨损系统部门、一个航空航天部门、一个电气市场部门、一个工业黏合剂和胶带部门、一个医疗部门和一个办公用品部门。这几个部门都是高分子化学的不同应用。另外，每个部门都有自己的销售、营销和制造职能，因为这些职能往往需要不同的技能，把一项又一项应用技术通过不同的方式推向市场。有些部门通过直销，有些部门采用代理商和分销商。有些部门生产终端产品，有些部门则生产其他业务部门所需的组件。

强生与3M不同。它的战略是"满足医生、护士、病人和母亲的健康需求"——这是用户类别驱动型战略。强生的业务均围绕这四个用户类别展开。由此，它设有两个事业部：一个是专业医疗事业部，因为这是医生、护士和病人的所属群；另一个是消费品事业部，这是母亲的所属群。生产制造是集中进行的，而每个事业部都有自己的销售和营销职能。所有针对医生、护士和病人的产品都经过专业医疗事业部统筹，而所有针对母亲的产品则由消费品事业部规划。

20世纪70年代和80年代出现了一股组织重组和结构重建的热潮。但在重组后，最难回答的问题是，现在我们重组了，我们要去哪里？

我们认为，结构服从于战略。公司的组织结构必须支持其业务的发展方向。我们进一步了解到，每种驱动力都需要一个稍微不同的组织结构。

与系统和流程相关的关键议题

下一个关于关键议题的讨论是围绕"系统和流程"展开的。如今许多公司购买了复杂且昂贵的电子信息系统，但后来发现这些系统并不支持公司的战略。同样，我们的观点是，所有信息系统都必须与组织的方向保持一致，虽然很多时候在系统或流程里仍会出现一些问题。

与技能和能力相关的关键议题

当组织方向改变时，这种改变通常需要获得一套新的技能。这些技能是可以被开发培养的，但往往不是在公司内部获得的，而是需要通过外部"收购"（如新型人才引进、项目并购等），这将引起另一些关键议题。

与薪酬激励相关的关键议题

尽管你可能认为自己已经拥有超越所有人的头衔或权力，但经验告诉我们：人们不会做你想让他们做的事；而是做你付钱让他们做的事。如果你的战略希望你的员工做某些事情，而你的薪酬激励体系奖励他们做完全不同的事情，那么到了年底，你会发现人们做的都是你付钱让他们做的事，而不是你想让他们做的事。

于是，另一个被提出来讨论的关键议题是薪酬激励，用于确保关键个人的收入与支持公司的战略和方向相匹配。薪酬激励体系包含薪酬、奖金、福利、职位头衔等，但其中最核心的是薪酬和绩效收入部分。

为了说明确定实施战略所需解决的关键议题的重要性，我们以一位客户为例进行解释。1999 年，南非第一国民银行（First National Bank of South Africa，FNB）在进行战略思维流程时决定，银行未来的战略是用户类别驱动型的，特别是那些需要金融服务的实体。随即，银行提供不同的金融服务来满足各类用户的需求。当讨论到其中两个关键议题时，他们意识到如果不在技能、能力和薪酬激励计划上做出重大改变，他们将无法实施这一战略。但他们在上述领域中遇到了一些挑战，特别是在遍布南非各地的 1 000 多个网点的实体也需要得到这些相应的服务。

为满足这些实体的需求，在与客户打交道时需要具备特定的营销和客户服务技能。他们很快意识到其中存在偏差。分支机构的主要技能是管控，而不是营销和服务。

结果，薪酬激励计划发生错位，它不适合用来奖励表现良好的服务和销售，而更符合用来促进良好的管控。实际上，分支机构负责人能被提升到更高职位，很多时候取决于他们审计报告质量的高低。

因此，仅通过研究关键议题识别的两个矛盾因素，即"管控"和"营销"，FNB 意识到，其必须对分支机构的技能、能力和薪酬激励计划进行彻底的改变，才能实施用户类别驱动型战略。

围绕这四个特定领域：结构、系统和流程、技能和能力、薪酬激励，战略思维流程呈现出许多关键议题，这些关键议题被陆续识别出来并分配给特定的人员进行解决。阐明预期结果，列出行动步骤，为每个小组分配需要参与的人员，并确定完成日期和审查时间。这些关键议题随后成为组织的"计划"，正是对这些问题的持续管理和解决，使首席执行官的愿景随着时间的推进而成为现实。这就是战略成功实施的方式。

关键议题：战略实施的桥梁

至此，我们的客户开始着手解决"关键议题"。这些是构成新战略重要且最基础的举措。这些关键议题是战略思考过程最重要的产出之一。它们是战略成功执行的关键，因为它们是由共同执行该战略的人员选定并同意的。一旦决定，这些问题就会被分配给个人进行处理。

真正见分晓的时候到了，你向管理人员做出的承诺将逐渐充盈该战略并使之成为现实。

闭环

你可能想知道所有这些概念是如何组合在一起的。

图 5.3 顶部的矩形表示战略思维流程的产出。战略轮廓描述了一个组织在未来某个时刻的样子。矩形的内部涵盖了此图的主要内容。关键议题是公司从今天的样子到明天的样子之间需要跨越的桥梁。接下来是运营规划时间。

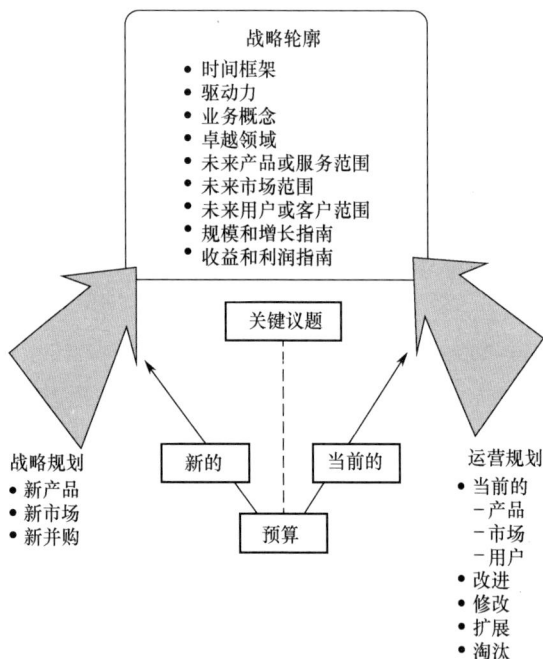

图 5.3　战略轮廓细节

运营规划

下一个任务是检查组织当前的举措，并决定哪些产品、客户和市场需要改进或调整。

此外，我们必须找出那些需要淘汰的举措，因为它们不符合公司想要达成的愿景。

我们发现，如果管理层没有"战略过滤器"，他们必须做出的最困难的决定之一不是做什么，而是不再做什么。因为总有人会告知管理层，由于他们暂时还不适应战略，有些举措没有获得预期成效，希望再"坚持"一段时间，他们很快就会扭转局面，但事实上，他们很难办到。有了"战略过滤器"，在运营规划阶段做决策时就容易很多，因为参与者在设置"战略过滤器"的过程中已经达成一致意见了。那些不再符合他们预想的举措和相关决策就变得更容易被否决了。

战略规划

我们认为，战略规划能够改变一个组织未来的"面貌"。改变一家公司未来"面貌"的关键因素是公司希望增添的新产品、新客户和新市场。现在，我们需要制定规划来实现这些目标。

我们的经验表明，如果你想催生出全新的战略举措（产品、客户和市场），那么明智的做法是让那些正在经营当前业务之外的人来"接手"这些项目。理由很简单：那些经营当前业务的人就像操控火车头一样，他们会用熟悉而惯性的思维来操控火车头，并且根据过往的经验，要使引擎正常运行，他们需要投入全部时间和精力。因此，新的业务任务最好委任当前业务之外的人。

战略轮廓是所有决策的目标

战略轮廓成为组织中所有决策的目标。符合该轮廓框架的规划和决策将被执行，而那些不符合的将被忽略。

第三阶段：设立战略目标

战略目标不是业务目标。战略目标不涉及公司内部的职能，而涉及公司的未来轮廓，包括产品、客户、行业细分和地域市场。战略目标是我们在这四个方面必须防御或攻克的"山头"，决定我们的战略成功与否。

这一阶段是为期一天的会议，专门讨论战略目标的构建及实现这些目标的计划。

第四阶段：关键议题的会议

一位首席执行官客户诙谐地说："你们迪必艾的顾问只不过是战略的'执法者'。正是因为之前安排了一个和你们讨论关键议题的会议，我们才出席的，要不然，我们根本不会理会。当然，我们已经知道你们会在会上问些什么问题。因此我们努力工作，没人愿意在参加会议时跟大家报告说'没有丝毫进展'。"

我们认为这是描述我们参与战略部署和制定过程的很好的方式。

第四阶段包括与首席执行官和管理团队举行的每季度两次半天会议，审查关键议题的进展情况。在会议上，每个议题的负责人都应提交一份进度报告。这两次会议给首席执行官开展以下工作提供了帮助：

- 评估每个议题的进展情况。
- 确定议题的现状是"正常"还是"异常"。
- 判断每个议题的工作进度是否适当。
- 清除负责人及其团队正在面临的障碍。
- 给予中途修正。

第五阶段：回顾和重新评估环节

在第二阶段后 10～12 个月，大多数客户希望对他们先前的结论进行回顾或重新评估。由于这些结论都基于一定数量的假设，即环境中可能发生或不可能发生的事情，因此大多数首席执行官都希望重新评估这些假设，看看哪些被证明是正确的，哪些是错误的。通过重新评估，客户可能微调战略，偶尔还会捡起之前流程中错过的一两个关键议题。

预测战略的结果

亨利·福特（Henry Ford，世界最大的汽车企业之一福特汽车公司的建立者）说："思考是一项艰巨的任务。这就是为什么这么多人很难养成这种习惯。"

通常，当首席执行官改变组织的战略和方向时，他或许没有时间思考这种变化带来的后果。因此，首席执行官最终会在遇到这些变化时做出反应。战略的每一次改变——哪怕是一次小小的改变——都会带来一种或更多的影响。如果你想让你的战略成功，那么你现在必须投入时间去思考，去找出阻碍你的战略实施的问题。为了使战略发挥作用，需要应对哪些变化呢？

这些变化就是我们在迪必艾所称的战略关键议题。这些战略关键议题成为管理层的议程，每个议题都分配给特定的人，这个人就是议题的负责人。随着时间的推移，这些议题的成功管理和完成将确保战略的实施。南非第一兰德银行 FirstRand 董事长劳里·迪潘纳尔（Laurie Dippenar）说：

通过这一流程，我们将获得共识，并认同共创的经营理念。它确实实现了我们的目标。显然，对我们影响最大的是，它系统性地从高管的头脑中提取思想和想法，而不是强加顾问的想法，如果那样的话，我想这可能会把他们逼疯，这俨然变成了顾问的战略而不是公司的战略。我不单单是重复迪必艾说的话，实际情况就是如此。

迪必艾流程对我们思考的最有价值的贡献之一是，它为被你淹没的机会提供了一个过滤器。你可以很轻松地选择那些适用于你的战略的机会，而不用满世界去找了。

总结

战略思维是一个组织的首席执行官和管理层所需要的最重要的技能。追随者一般不会盲目跟随领导者，除非领导者能够阐明自己的愿景，并得到追随者对愿景的承诺，否则他将独自前行。在研究领导力主题及跨文化组织的领导者的共性特质时，我们发现了四个共性特质，这些特质在所有变革型领导者中都是普遍存在的，它们不受组织或国家的影响：

1. 领导者对组织有清晰的愿景。
2. 领导者有能力将这一愿景传达给他人。
3. 领导者有能力激励他人朝着愿景努力。
4. 领导者有能力"运用系统"来完成任务。

虽然我们认同这四个共性特质，但我们的经验表明，领导者很难向他人阐明他们的战略和愿景。因此，领导者必须清楚地了解战略思维流程，以便让他人参与到战略的制定中来。这就是激励、承诺和成功实施的结果。

学习和掌握战略技能后，领导者需要掌握的下一个技能是创新。我们将在接下来的三章中进行介绍。

03

创新
领导力

6 / 创新：基业长青的燃料

如第 5 章所述，创新是基业长青的燃料。没有持续的创新，组织就会逐渐衰败而亡。但是，大多数组织只是随意地进行创新，尽管它们得以实现。在我们最近进行的一项调查中，2/3 的受访者表示，他们没有出台正式的激励机制或开发类似的项目来鼓励员工寻找和开发新产品、客户或市场。

部分原因在于，美国正在丧失其创新能力。2018 年《福布斯》（*Forbes*）杂志公布了全球最具创新能力公司名单。在前 50 强公司中，美国公司只有不到一半。不过，很多我们"期待的常客"都在名单上——亚马逊、宝洁、百事可乐等。事实上，在这些最成功的公司里，创新是一种偏执的需求。任何组织的生命线得以长期延续，都取决于其不断寻找开发新产品或新服务的机会，以及开发更好的流程以制造和交付新产品或新服务。

我们的一位美国客户富力公司（FLEXcon）首席执行官尼尔·麦克唐纳（Neil McDonough）在接受迪必艾的《战略家》杂志采访时表达他的观点：

"新产品是我们公司的命脉。我们在大约 18 个月前就和迪必艾公司合作开始实施这个流程。18 个月后，我们 30% 的销售额来自新产品。我们最初的目标是 3 年内达到 30%。很显然，我们打破了这个目标。今年头 4 个月，我们用以前从未生产过的材料组合出了179 种新产品。生产出来后就立刻销售出去了。这对我们来说非常成功。"

尽管创新的重要性得到了承认，但大多数组织未能成功地进行创新，而是渐渐消亡。

曾经有那么一段时间，当参加全国销售会议时，你会被柯达（Kodak）或贝尔豪厄尔（Bell +Howell）公司生产的投影仪所放映的大量彩色幻灯片吸引。但很快，接下来便是微软演示文稿软件 PPT的普遍应用，不管是变好了还是变坏了，那些原来无处不在的投影仪及与之配套的幻灯片制作设备，都已过时了。

曾经有那么一段时间，办公室的每张桌子上都有一个王安文字处理器，其所属公司承诺要建一个"无纸化办公室"，后来个人计算机出现了，王安公司几乎在一夜之间倒闭了。

曾经有那么一段时间，Keds 是运动鞋的领先品牌。接着耐克和锐步出现了。

曾经有那么一段时间，诺基亚在手机市场占据主导地位，是最赚钱的手机制造商。现在，公司透过那个臭名昭著的"燃烧平台"的"窗户"（Windows）[1]黯然地凝视着外面的世界。

---

1 2010 年，诺基亚从微软聘请史蒂芬·埃洛普（Steplen Elop）担任首席执行官。他在任诺基亚首席执行官期间曾发表著名的"燃烧的平台"言论，指出诺基亚处在生死存亡的关键时刻，必须尽快做出选择！——译者注

曾经有那么一段时间，创新科技（Creative Technology）无处不在的扩音器让它成为新加坡科技界的宠儿。如今，创新科技从一个季度的亏损到另一个季度的亏损，仍未能成功地摸索出"下一个出口"。

曾经有那么一段时间，柯达在美国摄影胶卷市场的份额达到了90%。随后，柯达发明了数字成像技术。现在，柯达破产了。

为什么这些公司失去了霸主地位

曾经有那么一段时间，以上这些公司及诸如 Addressograph、Multigraph、雅达利电脑游戏、宝丽来、MG 罗孚汽车、边界书店、北电和百视达录影带等公司在各自的行业沙盘中都是强大的一方。然而，仅仅几年后，它们的话语权地位和股价一起下跌，数十亿美元的股东资产被摧毁殆尽。这些公司都做了什么或没做什么，使它们从至高无上的话语权席位沦落为企业历史书的脚注？

缺乏战略产品创新

大多数公司的战略都是通过新产品的引进和商业化来部署的。因此，任何希望长期保持其话语权地位的公司都需要制定一个持续、积极和成功的新产品开发计划。遗憾的是，上述公司并非如此。许多其他公司，如强生、卡特彼勒、3M、梅赛德斯、索尼、本田和微软等，都有正在进行的新产品开发计划，它们可以在很长一段时间内延续其竞争优势。

新产品不会一直都是"新"的

如果领导者想要改变公司的战略轮廓——包括产品、客户和市场——他需要通过新产品的研发和商业化来做到这点。在对产品创新主题的研究中，我们注意到，大多数公司将其整个产品创新工作集中在对现有产品的常规升级或改进上。在全球的客户经验告诉我们，这是普遍现象，95％的新产品开发投资都是针对增量改进而非"全新产品"的。这种产品创新在本质上不是战略性的，因为它没有试图改变公司产品的"外观"。

事实上，在与被认为是产品创新能力最强的公司合作时，我们发现，即使这些公司也很难定义什么是新产品。因此，我们的第一个调查领域是确定各类新产品机会。随着时间的推移，我们发现了以下五类新产品机会。

- 全新产品。这些产品一经推出，便是国内市场乃至全球市场独一无二的。任何地方都没有类似的产品。例子包括 3M 的便利贴、索尼的随身听和录像机、苹果的 iPad。
- 学习他人。当松下推出自己版本的录像机时，录像机在市场上并不新鲜，因为索尼以前也做过，但对松下来说是新产品。
- 产品延伸。在这一类别中，我们发现了两种类型：增量和巨变。增量的产品延伸的一个例子是 3M 的便利贴，它将原始便利贴改制成更大的尺寸、更多的形状和颜色。这种延伸性的创新很多，包括旗帜、标签和点胶机等。波音公司宣布制造超音速客机则是一个巨变的产品延伸，制造超音速客机所需的技术超越了制造标准客机所需的技术。
- 旧品新客。这一类别适用于向新客户介绍当前产品，如进入教科书市场的电子阅读器。

- 全新市场。这一类别适用于将现有产品引入新的细分市场或新的地理区域，如赛百味的全球稳步扩张。

在错误的音节上标注重音

我们调查的下一个领域是公司把大部分资源投资在哪类新产品机会中。猜猜 200 多家公司的回答是什么？对的，回答就是"产品延伸——常规增长"。例如，食品和包装用品行业已经完善了不同颜色和尺寸的"新型和改良"产品。遗憾的是，旧产品的延伸或改良只能带来常规的增长。只有全新产品才能创造新的收入来源。大多数公司都把它们的重音放在了错误的音节上。换言之，它们正在把钱投入错误的产品创新中。

当一个全新的产品在一个成熟的行业出现时，大家往往产生疑惑：谁是"游戏规则改变者"？答案显而易见。看看下面这个游戏规则改变者的名单，再问问自己"它们有什么共同的特点"。

- 苹果的 iPhone。
- 塔塔的 Nano 汽车。
- 赫布·凯莱赫（Herb Kelleher）创建的西南航空公司。
- 由查德·赫利（Chad Hurley）、陈士骏（Steve Chen）和贾德·卡林姆（Jawed Karim）创办的 YouTube。
- Serious 能源公司的 iWindow。

答案不在于"游戏规则改变者"本身，而在于谁引入了它。这些创造者都不是进入行业沙盘中的现有玩家。他们有计划地冒险却不会有什么损失。他们没有现任者的"包袱"，因此不会成为许多思维误区的牺牲品。为了避免陷入思维误区，我们需要给整个组织提供一个正式的创新流程。

扼杀战略产品创新的四个致命杀手

由于全新产品是"话语权战略"的核心，因此，我们特别调查研究那些花费几乎所有时间、金钱和精力在产品延伸上而不愿开发全新产品的公司，它们的障碍在哪里？结果我们发现，大多数公司陷入了以下四个思维误区中的一个或多个，这些思维误区是扼杀新产品创新的致命杀手，导致公司失去了话语权地位。令人难过的是，这四个思维误区都属于自伤。

思维误区一：过于关注现有客户

大多数关于产品创新的书籍都告诉你，为了获得新产品的灵感应该向谁咨询。答案显而易见：你的客户。错了，完全错了！如果一家公司把全部精力放在现有客户身上，并将其作为获得新产品灵感的来源，那么它最终只能得到常规产品。原因很简单。现有客户非常擅长告诉你当前的产品有什么问题。他们之所以能做到这一点，是因为他们会进行横向比较，把你的产品和竞争对手的产品做比较，并告诉你差距在哪里。自然而然，你会回到公司，稍微调整一下产品，然后进行渐进式改进。这种模式就此被设定并不断重复。或者客户会告诉你他当前的需求，让你去做产品改动，但你的客户同样会把他的需求告诉你的竞争对手。

更糟糕的是，现有客户开始主导你的产品开发过程。我们在与客

户合作时经常看到这种情况。我们的一个在美国的客户，Borroughs
公司，一家为零售商店提供结账柜台服务的公司，已经陷入了这种困
境。该公司发现自己几乎响应了每个客户的调整、改进和定制设计要
求。首席执行官蒂姆·泰勒（Tim Tyler）表示："这将推高我们的库
存和工程成本。我在《财富》杂志上读过一篇关于波音公司的文章，
波音虽然只拥有七八个飞机框架模型，但其提供的机上厨房和洗手间
有 3.3 万种不同的型号，这正是我们要做的。"

　　Borroughs 公司利用迪必艾的战略产品创新流程来分析问题，并
提出改变游戏规则的解决方案——一个满足其所有客户基本需求的
标准化产品。该产品还可以轻松定制，以满足每个客户的独特需求，
并且产品在成本方面拥有竞争力。客户欣然接受了这一概念，
Borroughs 公司的利润率就此提高了不少。

　　你不能依赖现有客户来给你提供新产品的创意，因为他们不能很
好地告诉你他们将来需要什么。下面是一些例子。在 3M 数以百万计
的客户中，没有一个曾向 3M 索要过便利贴。在克莱斯勒数以百万计
的客户中，没有一个曾表示想要一辆小型货车。在索尼数以百万计的
客户中，没有一个向索尼创始人盛田昭夫（Akio Morita）询问过随身
听或录像机。这个星球上从来没有人向史蒂夫·乔布斯（Steve Jobs）
和史蒂夫·沃兹尼亚克（Steve Wozniak）要过苹果电脑、iPod 或 iPad。
这样的例子不胜枚举。这些都是源于创造者而非接受者思想的产品。
正如盛田昭夫所言："我们的计划是用新产品来影响公众，而不是问
他们想要什么产品。公众不知道什么是可能的，但我们知道。"

　　3M 前首席执行官利维奥·德西蒙（Livio DeSimone）是一位该

谐而有说服力的领导者，他说："最有趣的产品是人们需要但无法表达出来的产品。"

史蒂夫·乔布斯也许是当今时代最优秀、最有影响力的创新者，他说："客户并不需要思考自己想要的是什么。"

为了培养竞争优势和创造新的收入来源，必须将公司的产品创新资源集中在全新产品上。这些全新产品可以满足你已经确定的未来隐性需求，而你的客户目前无法向你表述这些需求。通过这种方式，最终的结果是生产能够让你改变游戏规则并保持话语权的产品。

并非所有人都能拥有乔布斯或盛田昭夫的灵敏"嗅觉"。相比之下，我们依靠"嗅觉"寻找当前和未来客户的隐性需求的能力可能很差。不过幸运的是，如果你知道该去哪里寻找，识别不断变化的需求就不像看上去那么困难或不可思议。

思维误区二：保护"现金牛"心态

假以时日，每家公司都将有某些产品变为"现金牛"，但永远不要笃信"现金牛"。否则，你将失去话语权。IBM 就是一个很好的例子。

众所周知，IBM 的"现金牛"曾经是它的大型机，也是当时计算行业的主力军。1968 年，在瑞士的实验室里，IBM 发明了第一块微芯片——RISC 芯片，它的处理能力超过了小型主机。一台由这块芯片驱动的小型计算机原型被制造出来了，它很可能是世界上第一台个人计算机。然而，IBM 做出了一个小心翼翼的决定——不引入该芯片，因为它可能对其大型机业务造成负面影响。1994年，即26年后，也许已经晚了26年，IBM终于以PowerPC的名义推出了RISC芯片。与此同时，IBM失去了成为消费者市场重心的机会。2005年，IBM最终承认了在个人计算机领域的失败，并将这一业务出售给了联想。

施乐公司也是如此。这家公司盲目笃信大型复印机的成功，以至于没有看到一个隐形竞争对手佳能的小型复印机的出现。还有，它未能充分利用其硅谷实验室开发的独特发明，如鼠标和喷墨打印机，这两种打印技术后来都被苹果成功应用到其产品上。

曾经，通用汽车对耗油量大但质量并不稳定的大型汽车的痴迷，导致它未能预见丰田和本田以高质量小型汽车进入美国市场，使通用汽车的销量降至以前的一半。十几年前，柯达公司的市值超过310亿美元，是无可争议的摄影成像之王。然后它发明了数字成像技术，但由于担心会蚕食其以化学原料为基础的"现金牛"而将这项技术束之高阁，最终导致整个业务的灭亡。具有讽刺意味的是，这个曾经备受尊敬的品牌，它的剩余价值在于其拥有的1 100项数字成像专利，这些专利未能发挥杠杆作用。

《英国摄影》杂志新闻编辑奥利维耶·劳亨（Olivier Laurent）说道：

柯达是第一家制造数码相机的公司，但当时它的大部分利润来自销售（用于冲洗胶片的）化学品，他们害怕投资，因为他们认为这会侵蚀传统业务。当他们意识到数码市场将继续存在并已经超越了胶卷时，这时柯达所有的竞争对手都拥有了一流的数码相机产品。柯达从此未能再现辉煌，同时失去了行业内'柯达时刻'的最好声誉。

如果柯达继续对自己开创性的数字成像技术进行投资，情况会如何发展？这只能留给商学院学者去思考了。

我们并不是建议你一时兴起就杀掉你的"现金牛"。新加坡航空公司的"现金牛"是商务舱旅客，这种情况短期内不会改变。然而，精明的竞争对手会攻击你的防守，并迟早突破而至。新技术永远不能放回潘多拉的盒子。所以，如果有人想要毁了你的"现金牛"，那也可能是你自己。

迪必艾的长期客户富力公司的首席执行官尼尔·麦克唐纳对此表示赞同。他说："我们开始讨论，认为自己才是自己最好的竞争对手。现在，我们就在一间房间里，提供最具竞争力的选择——短期定制或标准产品。"

思维误区三：成熟市场综合征

"我们的行业已经成熟。这些市场不再增长。"许多人声称产品在市场已饱和、价格降至最低水平、增长停止的原因是"市场已经成熟"。我们则认为，成熟市场只是一个神话。

举几个例子。15年前谁会想到人们愿意花300美元买一双鞋呢？只是跑鞋！毕竟，当时每个人都有一双价值10美元的运动鞋，而且市场已经很成熟。接着耐克和锐步出现了，"成熟市场"爆炸式增长。

几年前谁会相信有人会花 4 美元买一杯咖啡呢？然而，星巴克通过革命性地引入独特的产品和市场营销，彻底改变了原来由唐恩都乐（Dunkin' Donuts）主导了几十年的"成熟"咖啡市场。而且当时的唐恩都乐已经掌控了 50 美分"无限续杯"咖啡市场。毕竟，一杯咖啡只是"一杯"裸咖啡，没有其他体验。

15 年前谁会想到人们会花 5 000 美元买一辆自行车呢？毕竟，每个人都有一辆价值 100 美元的自行车，并且市场已经很成熟。随后，Shimano、Cannondale、Trek 和其他公司推出了 18 速和 21 速自行车，以及一种叫作"山地自行车"的新型自行车，然后"成熟市场"爆炸式增长。

成功揭穿"成熟"市场概念的两位首席执行官分别是通用电气著名前首席执行官杰克·韦尔奇（Jack Welch）和联合信号（Allied Signal）前首席执行官劳伦斯·博西迪（Lawrence Bossidy）。杰克·韦尔奇倡导"成熟市场是一种心态"，而博西迪则表示，"不存在成熟市场这回事。我们需要的是能够推动市场增长的成熟高管。"

扩大所谓成熟市场的主要机制是利用凯撒大帝的"分而治之"原则进行市场分割。化妆品行业就是这方面的大师。曾经有一段时间，大多数女性都满足于单一润肤霜。今天，很多女性都不会再有这样的想法。我们有眼霜、颈霜、唇膏和适合女性每个身体部位的霜体！通过将通用霜体转换成各式各样的专用霜体以后，市场甚是火爆。近几年来，化妆品从业者的目光已经从女性转移到男性身上，并且爆炸式增长还在继续。妮维雅、花王和欧莱雅都有针对男性群体的目标产品线了！

思维误区 4：大众商品谬误

"我们从事大众商品业务"，这种观念可能削弱一家公司的话语权地位。这也是一种心态。当管理层说服自己产品是大众商品时，该产品就变成了大众商品。这是一个自我实现的预言。如果你认为你的产品是一种大众商品，那么你的顾客也会如此认为。如果你认为你的产品是一种大众商品，那么对研发的投资将减少到零，而重点将转向生产效率。以价格取得差异化正是对大众商品的定义。

例如，大多数人会认为建筑行业是传统行业，其中玻璃会被认为是大众商品，每家每户都需要玻璃窗户，或者厨房里的锅盖器皿。然而，有 150 多年历史的康宁公司将其在玻璃科学领域的精湛专业知识与深厚的生产和工程能力相结合，开发出众多改变人们生活的创新成果和产品。康宁玻璃已颠覆了大家对传统"玻璃"的认知，康宁玻璃已应用到光通信、移动消费电子产品、汽车等领域。

另一个例子是小苏打，一种从法老时代以来就存在的"商品"。有一天，有人将少量的小苏打放入冰箱，随后他发现小苏打吸收了冰箱里的异味。不久之后，我们的生活里出现了小苏打除臭剂。然后是小苏打牙膏，最近是小苏打尿不湿。

弗兰克·普渡（Frank Purdue）率先开创了鸡肉品牌化的概念，承诺鸡肉更嫩、味道更好。在普渡之前，鸡肉就是鸡肉，唯一影响价格的因素是供求关系。许多食品和饮料制造商利用"现金充裕，时间紧张"的口号及其他消费趋势，将旧商品包装成高价值商品。以不起眼的莴苣为例，经过简单的清洁、切割和精美的包装后，我们看到它的销售价格飙升不少。超级方便的雀巢胶囊咖啡机，只需轻轻按一下按钮就可以从单独密封的胶囊中榨出新鲜的速溶咖啡。雀巢成功地说服了数以百万计的消费者支付大约 3 倍于普通研磨咖啡的价格（按磅计算）来购买速溶咖啡。

还有一个，它是所有商品的"教母"——水。我们看看法国人用水做了些什么。他们通过各种冠名，已经掌握了这一平凡商品的营销方式，如维图、依云和巴黎水。他们知道人们对饮用水的质量越来越关心，于是开始以高昂的价格销售瓶装水。即使在自来水质量很好、基本免费的地区，这一概念也立即获得了成功。通过出色的营销，他们让水变得"时髦"，创造出"设计师品牌"，而且收费更高。饮料制造商也将这一概念向前推进了一大步，给水中添加了营养素，从而创造了一个新类别：运动功能饮料。其中一个甚至包含了所有商品的"祖母"：氧气。

全新产品成就话语权地位

索尼、3M、佳能、微软、强生、卡特彼勒、施瓦布和其他许多公司保持对行业沙盘的控制，不是通过推出"我也是"的产品，而是通过将资源集中在创造全新产品上。它们有三个内在的特征帮助其超越竞争对手：

- 市场独占期。当你的产品是市场上唯一的产品时，你就是唯一的一个。
- 收取高价的能力。在独占期，你可以获得高价，这与"我也是"

这类产品刚好相反，它们的每笔交易都是在讨价还价。

- **构建行业堡垒。**作为第一个进入市场的人，你可以设置一些障碍，让竞争对手很难进入你的游戏。苹果通过专利和其他知识产权追逐三星电子就是一个很好的例子。

毕竟，这就是话语权的意义所在：改变游戏并让那些希望参与到游戏中的竞争对手遵守你的规则。

战略产品创新流程

战略优势在很大程度上取决于一个组织比其竞争对手更频繁、更快速地创造新产品并将其推向市场的能力。我们认为新产品创新是企业基业长青的燃料。如前所述，3M、强生等公司每年都会推出数百种新产品。这些产品创新超级巨星的秘密其实是带来产品创新的成熟流程。公司里的每个人都知道并熟知这个系统性流程的运用。

观察到这一现象，我们继续整理了在这类公司中隐性实施的流程。其结果被称为"战略产品创新"的独特流程，该流程使产品创新变得可学习、可复制。任何组织都可以利用这一流程进行产品创新和商业化，并利用公司的驱动力和卓越领域创造新的收入来源，从而使公司的发展比竞争对手更快。

这种有意识的、可复制的商业实践包括以下四个步骤：

创造。仔细监控业务环境中的 10 个变化，这些变化会在接下来的章节中逐一列出，你可以从中为全新产品创造更广泛的机会。

评估。从成本、效益、战略契合度和实施难度等方面衡量新产品的机会。这些标准会让你知道哪些机会应该继续追求，哪些应该放弃。

开发。一旦做出了承诺，你就要尝试预测那些会使新产品在市场上成功或失败的关键因素。

实施。制订一个具体的实施计划，以促进成功、规避失败。

在第 7 章，我们将更详细地描述这些步骤。

7 / 战略产品创新流程

要成为成功的创新者，变革型领导者需要树立一个最重要的认知：组织需要两套管理系统，一套用于经营现有业务，另一套用于开发新产品、新客户和新市场。大多数组织通常有一套系统和流程来经营或改良现有业务，但很少有组织制定正式的流程为未来开发新的想法和概念。在这一点上，有些人可能会说，创新是偶然的，无法将其制度化。然而，我们的工作已经表明，如果一个人或一个组织擅长某项特定的技能，那就是说，有一个流程正在被悄悄地实践，尽管这通常是潜移默化或出自本能的。只要这项技能是通过潜移默化来实践的，它就不可能成为可复制的商业实践。正是由于这个原因，创新在大多数组织中以偶然的方式发生。

因此，领导者的挑战是要理解创新思维流程，并将其制度化，使其成为组织中的一项正式活动，并培养下属的该项技能。

变化：创新的原材料

在讲述创新思维流程之前，领导者必须了解变化在这一流程中的作用。变化是创新的原材料。没有变化，就不可能有创新。在组织的商业环境中发现的变化量与可能的创新量之间存在直接的线性关系。变化越多，创新的空间就越大；变化越少，创新的空间就越小。创新源于变化。

由此，创新型领导者也会在变化中茁壮成长。创新型领导者并不认为变化是坏事，而是将其视为持续不断的机会来源。用什么态度面对变化是领导者与其大多数追随者的一个关键区别。将变化视为健康的、持续的机会来源，是领导者必须灌输给追随者的一种批判性思维方式。变化作为创新的根源，是创新的一个基本概念。因此，对影响组织的变革的评估必须是一个由领导者推动和实践且经过深思熟虑的流程。

创新的不同形式

为了勾勒出创新思维流程，我们将尝试描述创新的不同形式。首先需要区别的是创新与发明。创新是持续改进的广义概念，而发明是创新的一种形式。发明通常与发现联系在一起，如技术、专利、配方等方面。发明是可以带来重大突破的。然而，还有许多其他形式的创新虽然平淡无奇，但随着时间的推移，这些创新可以给组织带来持续的竞争优势。我们将在下面的段落中讨论创新的其他形式。组织有两个关键领域可以进行创新或发明。第一个领域是新产品开发或现有产品的改进，通常称为产品创新。第二个领域是对销售、制造、交付或服务流程的改进，通常称为流程创新或与其相关的业务模式的创新。

对于这两个领域的每一个，我们将举例说明，最好的领导者并不相信爆炸式创新，而相信对组织产品和流程进行更为平淡的边际创新，一种持续创新。

如果你相信爆炸式创新，也就是发明，那么"爆炸"与"爆炸"之间的间隔时间会很长。制药业是实践这种创新的行业，每 10 年左右就会出现一种新的处方药产品。近期缺乏"砰砰"声，加上专利即将到期，以及知名仿制药的威胁，解释了制药业持续动荡的原因。有些读者可能会把爆炸式创新误认为是全新产品的概念。然而，它们并不是同一回事。3M 是一个典范，它在全新产品方面表现出色，但这些很少是令人振奋的发明。相反，它们是现有技术（黏合剂）的巧妙应用，就像便笺纸那样。也就是说，3M 足够精明，可以通过持续创新来推广其全新产品；在生产出最初的手指大小规格的黄色版本后的几个月内，3M 就拥有数百种不同版本的便笺纸。每增加一个版本，仅是对前一个版本的边际增量的改进。尽管如此，正是这种不断创新的能力，才让 3M 在竞争对手面前占据了优势。

领导者的主要任务之一（如果组织要使自己基业长青的话）是建立一个经过深思熟虑的系统创新流程，并提供管理机制，保证组织中每个人都能持续不断地践行。

创新思维流程

创新思维流程有 4 个步骤：创造、评估、开发和实施，如图 7.1 所示。

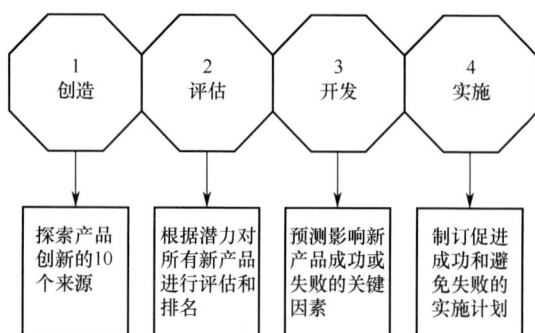

图 7.1　创新思维流程的 4 个步骤

创造。创新型领导者和组织知道如何在环境中寻找变化——可以转化为新产品、新客户或新市场的机会，或者改进其流程或商业模式的方法。

评估。创新型领导者和组织知道如何根据 4 个关键标准评估机会，以便根据机会的整体潜力对其进行排名。

开发。创新型领导者和组织可以预测那些使新产品在市场上成功或失败的关键因素。

实施。创新型领导者和组织可以制订促进成功和避免失败的实施计划。

第一步：创造

"你从哪里找到这些新点子？"我们询问了众多客户中最具创新精神的几家公司。

第一人说："如闪电般突如其来。"第二人说："直觉。"第三人说："魔法。"第四人则说："不知道，反正就这样发生了！"

换言之，他们不知道，也无法归因他们的创新。有趣的是，优秀的创新者常常无法描述他们所经历的流程，因此会将技能归因于各种不相关的事件。然而，当我们观察这些人工作时，他们一遍又一遍地使用一个经过深思熟虑的流程，但他们无法描述。

优秀（聪明）的创新者知道在哪里寻找能给他带来新点子的"变化"，并把这些新点子应用于新产品开发或业务的改进上。他们会持续监控业务的以下 10 个特定领域，以发现可以转化为新机会的变化。［彼得·德鲁克在 1985 年的《创新与创业精神》（*Innovation and Entrepreneurship*）一书中首次提到了这些变化。］

意外的成功

每个组织都曾有过超越其他组织取得成功的疯狂梦想。在印度尼西亚首都雅加达，有一种产品的销售比预期的更为活跃，南非的市场份额更是达到了顶峰。批发商开始下大订单，此前这个公司从未料到会出现这种情况。遗憾的是，在太多的组织中，意外的成功被看作暂时的偏差，而且认为很快就会恢复正常。那些把意外的成功视为暂时偏差的人，在未来将错失许多机会。这时候最该问的问题是："是什么促使了成功？我们如何能把它推广到我们所做的每件事上？"

意外的失败

每个组织或许都经历过意想不到的惨痛失败。在这种情况下，大多数人倾向在职业生涯的剩余时间里为失败辩护。相反，他们应该反思的是："是什么原因导致了这次失败？我们如何才能在下次把它变成一个机会？"一个时间久远但引人注目的例子是福特公司，它曾生产了公司有史以来最糟糕的新产品——埃兹尔。可喜的是，这家汽车制造商从这次失败中吸取了教训，短短几年后，它就推出了迄今为止最成功的车型——野马。在 1962 年推出野马原型机 50 多年后的今天，这个产品仍在生产销售中。

意外的外部事件

20 世纪 70 年代末，当苹果推出个人计算机时，IBM 正兴高采烈地推行其五年商业计划。对 IBM 而言，这是一个完全出乎意料的事件。由此，IBM 面临两个选择：一是忽略这一事件，二是明智地选择稍微"调整"一下自己的商业计划，推出一款自己的个人计算机，从而成为业界领导者。

我们的猜测是，诺基亚对苹果进入手机行业沙盘这一事件还没有什么概念。短短的几年时间，史蒂夫·乔布斯至少改变了 4 个行业：手机、个人计算机、内容发布和动画。

我们应该反思的问题是："如何将外部事件转换为新产品或新客户？"

流程缺陷

所有组织都由各种流程、程序或系统组成：销售订单录入系统、应付账款系统、生产流程、分销系统、质量审核流程、销售退款流程、库存控制系统等。每个流程或系统都存在以下三个问题中的一个或多个：

1. 瓶颈。

2. 薄弱环节。

3. 缺失的环节。

如果我们花一点时间来识别和描述组织中的各种流程，然后自问："这些流程存在哪些瓶颈、薄弱环节或缺失的环节，该如何消除它们？"这个问题肯定会引出一些创新的解决方案，来使这些流程变得更加有效。

新加坡以其高效率而闻名于世，尤其是其政府机构。特别值得一提的是新加坡的会计与企业管理局（The Accounting and Corporate Regulatory Authority, ACRA）。在可以在线执行的众多交易中，ACRA可能为企业注册业务提供了最快和最有效的方式，仅仅需要一分钟和一张有效的信用卡！一位迪必艾合伙人喜欢讲述他在咖啡馆里无意中听到的一位知名企业家接受的采访。记者问企业家为何在新加坡而不是其他地方成立企业。他的答复是，在新加坡成立一家企业更加容易。有时候，真正的区别其实是一些小事。

行业结构发生变化

当一个行业的"游戏规则"突然发生变化时，这些变化通常会带来混乱，这对某些人来说是威胁，而对其他人则意味着机遇。当放松管制[1]首次冲击西方国家的医疗保健和运输行业时，这些行业的许多公司和高管只看到了与这些变化相关的威胁之处。

今天，我们周围的行业结构正在发生变化，包括云计算、碳排放

---

[1] 放松管制，是指放松或取消一些管制，如把有关企业进入、定价和投资等方面的管制从许可制变为申报制等。——译者注

和"污染"税等。显而易见的是，社交媒体已经永远改变了地球上几乎每个与互联网相连的企业的商业模式。就连各国政府在如何与公民互动方面也有了全新的模式。

这时候，我们应该反思的问题是："如何才能将行业中正在发生的这些结构性变化转化为新产品、新客户或新市场？"

高增长领域

公司需要成长才能永续发展，因此，它们需要能够带来超越正常增长的机会。为此，我们应该寻找超过国民生产总值或人口规模增长速度的相关业务。这些业务将带来超常增长的机会。问问自己，为什么商店货架上一直都摆放着苹果的 iPhone 和 iPad。

iPhone 于 2007 年 6 月发布。2011 年 1 月，苹果公司宣布，iPhone 全球销售量已超过 1 亿部。仅 2011 年第四季度，苹果就售出了 3 700 万部 iPhone。只要计算一下增长率，你就不难发现为什么 iPhone 一直被摆放在销售货架上了！

技术革新

当两种或更多种技术开始融合时，这种融合势必会产生混乱，并因此带来机会。在过去的几十年中，我们见证了电信和计算机技术的融合，尤其给电信企业、硬件和软件企业、互联网相关企业，以及全球这些行业的大多数企业都带来了动荡。组织应该鼓励开发和利用这些融合的新产品和服务，而不是试图拒绝这些机会。

因此，在未来，不是制造一辆更好的汽车，而是实现"最佳运输体验"。不仅是机械创新，电子创新正在改变当今的汽车行业发展走向。

人口变化

对客户进行人口统计并不是一成不变的，它会随着时间而变化。因此，如果我们试图预测未来客户群将发生的人口变化，就一定要找准机会。例如，如果我们仔细观察美国目前的老龄化现象——实际上是大多数发达国家的现象——我们会看到很多机会。这个"白银"产业价值数千亿美元。随着人口的老龄化越来越严重，以下需求将带来新的机会：

1. 财务咨询建议，对来自个人退休账户和其他项目的资金的管理和再投资。

2. 量身定制的旅游套餐。

3. "永葆青春"特效药物。

4. 帮助年轻夫妇照顾年迈父母的咨询服务。

5. 老年人专用生活设施。

客户人口变化的以下 4 个方面需要进行密切监控：

1. 收入水平。

2. 年龄层次。

3. 教育水平。

4. 文化和民族融合。

我们应该反思的问题是："在这 4 个方面中，我们的客户正在或将要发生什么样的变化？我们如何将这些变化转化为新的机会？"

观念转变

客户对你的产品的看法会随着时间的推移而改变。如果能预见客户对产品看法的改变，你一定能找到机会。例如，汽车曾经被严格地视为一种运输工具。然而，在 20 世纪 60 年代，福特的李·艾柯卡（Lee Iacocca）发现，有些人认为汽车是他们生活方式的反映，于是福特推出了第一款"生活方式"汽车——野马。今日，有人称宝马为"雅皮士"，称沃尔沃为"安全护航"，等等。另外，美国人对韩国汽车日益看好。或许是因为美国的经济紧缩，购买现代和起亚等韩国汽车品牌的客户等候名单一直在稳步增长。2012 年，现代伊兰特在包括美国在内的许多不同国家的市场被评为"年度最佳汽车"。

我们应该反思的问题是："客户对我们产品的看法正在发生怎样的变化？该如何将这些变化转化为新的机会？"

新知识

新知识是指发明、发现、专利等。显然，新发现或新知识总是以新产品或新市场的形式为组织带来机遇。实在有太多的新发明和新发现了，恕我们不能在本书中逐一列出。以下是一些值得我们注意的例子：

- 页岩气，据报道，美国可提供这种替代能源 70 年的供应。
- 行波核反应堆，1950 年首次提出，但最近吸引了一些有资源将其商业化的人士（比尔·盖茨）的注意。
- 大肠杆菌反冲生物柴油，细菌将生物质直接转化为生物柴油。
- 金属泡沫，在航空航天、热控制、整形外科等许多领域有数百种应用。

- 石墨烯，一种只有一个原子厚的"纳米片"，将在未来几年里彻底改变晶体管、集成电路、太阳能电池等。
- 机器人技术。

这里需要注意的是，发明可能需要很长时间才能将其商业化为盈利产品。光纤和激光发明于 20 世纪 50 年代，但直到最近几年，这些技术才转化为成功的产品。历史证明，发明可能需要长达 25 年的时间才能进行商业化运作。因此，虽然首先在其他 9 个领域中寻求创新可能是明智的选择，但当来自"旧的"新发明的颠覆性技术突然出现在他们的行业中时，领导者应该不会感到惊讶。

关于"创造阶段"的观察

在与客户合作的过程中，我们对这些公司如何寻找机会进行了重点观察。

第一，迄今为止，我们合作的所有公司都会同时受到这 10 个变化的领域带来的冲击。公司学到的第一个教训是，任何公司都不能免于变化。唯一不变的是变化。任何试图通过监管、立法或人为障碍来隐藏或保护自己不受变化影响的公司都注定会失败。尽管有些人可能对此感到不满，认为创新是对现状的创造性破坏，然而最优秀的领导者经常寻求这种破坏。

第二，最优秀的领导者不会等到这些变化发生后才做出回应。事实上，只要在适用的情况下，他们将是发起这些变化的人。

第三，在这 10 个领域的列表中，发现机会的概率与其来源有直接关系。你越往列表底部的领域寻找机会，成功的可能性就越小。原因很简单：排名越靠后，就越难发现转化为成功的机会。

尽管如此，我们发现还是有许多组织在寻找那样的机会，最终的代价是，它们牺牲了列表顶部名单中大量更容易被发现和利用的潜在机会。

第四，大多数被这 10 个领域的变化轰炸的组织往往只看到与之相关的威胁，而忽视与之相关的机会，而且通常是组织外部的人先看到了机会。一个优秀的领导者能够有效应对威胁，同时要求组织及其员工将这些变化转化为机会。正如彼得·德鲁克所说：“想要资源产生成果，就必须将资源分配给机会，而不是（解决）问题。”

第五，真正的领导者不单单依靠本垒打[1]或“大爆炸”的方式进行创新。如果他们真的遇到了“大爆炸”的想法，那自然最好了。然而，与此同时，他们相信并实践在业务的各个方面持续创新的一种方法——全新产品和延伸产品的有效组合，并且让组织里的每个人都践行。

第二步：评估

创新步骤带来的结果就是，我们面临着更多的机会。正如任何一个优秀的创新者所知道的那样，并非所有的机会都值得去把握。创新的第二步是根据一定的标准评估所有的机会，并根据这些机会对组织的潜力贡献进行排名。

前两个标准通常大家都会想到，即成本和收益。每个机会都需要根据其成本收益比进行评估。事实上，一个可视化网格（评估网格，

---

1 棒球比赛术语，是指击球员将对方来球击出后，通常击出外野护栏，击球员依次跑过一、二、三垒并安全回到本垒的进攻方法，是棒球比赛中非常精彩的高潮瞬间。——译者注

见图 7.2）可以用来显示每个机会的可行性。但只用这两个维度评估还远远不够。

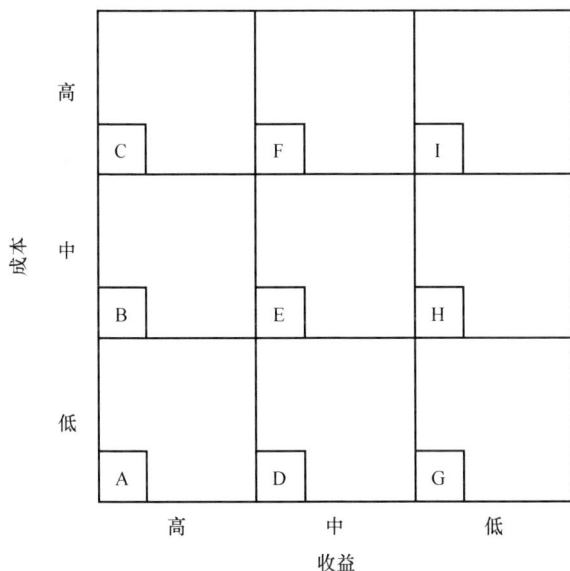

图 7.2 评估网格——成本/收益

- 这个机会的成本是多少？
- 这个机会有什么收益？

大部分人都没有太关注接下来的两个评估标准，即战略契合度和实施难度。这两个标准可能比成本效益比更重要，遗憾的是，它们几乎总是被忽略。

这个机会与企业战略的契合度如何？这是一个应该被问及却经常被忽略的关键问题。经验表明，试图在企业战略框架之外进行创新的组织通常不会成功。原因很简单。为了在其核心战略业务中取得成功，组织开发的技能、结构和系统通常不能转移到这个框架之外的其他机会上。一个经典的例子是佳能进军个人计算机业务的致命决定，个人计算机是佳能的光学技术驱动力很少触及或没有经验的领域。这个例子演示了误解"相邻"业务这一流行概念的危险。在我们看来，驱动力的概念是有效识别相邻市场/区域的核心。

第四个标准是实施难度。我们看到许多看上去非常好的机会最终都失败了，因为管理层低估了尝试新机会的困难程度。我们可以使用另一个网格（见图7.3）来评估战略契合度及实施难度。

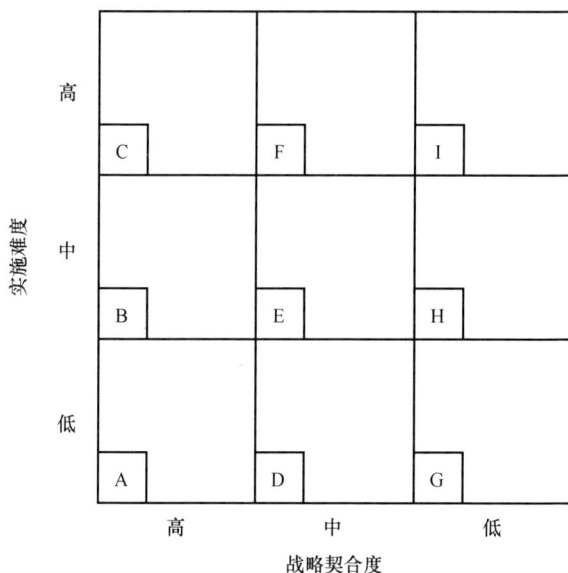

图 7.3 评估网格——战略契合度/实施难度

现在可以得出一些结论了。显然，在这两个网格中，象限 A 的机会是最好的，我们发现其成本低、收益高、战略契合度高，并且易于实施。没有比这更好的了。相邻象限 B 和 D 的机会也是可行的。象限 G 的机会很可能偏离企业的战略，带来的收益也较少。象限 C 的机会带来了很高的成本，而且实施起来也非常困难。象限 G、象限 H 和象限 I 中的机会显然是比较冒险的，因为它们违反了四个标准中的大多数。

有了这样的评估框架，组织的领导者应该利用它和下属一起解读其想法。例如，如果某个机会落在了象限 F 中（但该机会的某些内容吸引了你），网格会准确地指出在采纳该机会之前必须做些什么。

首先，必须找到一种方法使其符合企业的战略（向左移动一格）。其次，必须找到降低成本的方法（向下移动一两格）。最后，必须找到降低实施难度的方法（向下移动一两格）。如果我们可以影响这三个变量，我们可以将机会转移到象限 A，这样它将变得可行。如果我们不能影响这三个变量，那么应将其保留在原地。

将评估网格应用于所有机会后，最好的机会将出现在列表的顶部。我们现在进入完成创新流程的最后两个步骤。

第三步：开发

很少有组织有正式的流程来创造和评估新机会。因为很少有人能够成功地利用这些机会。这就是创新流程中接下来两个步骤存在的原因，这两个步骤的重点是预测那些追求良好机会并确保成功的关键因素。

开发步骤分为两个阶段。现在检查每个机会，首先从最好的机会开始，然后利用我们追求这个机会的预期结果来构建最好和最坏的情况。需要思考的问题是：

- "如果我们抓住这个机会，那么这个机会将带来什么样的最好结果？"

- "如果我们抓住这个机会，那么这个机会将带来什么样的最坏结果？"

在这一点上，流程中引入了另一个过滤器：风险/回报分析。风险/回报分析是一个简单的量尺，如图 7.4 所示。

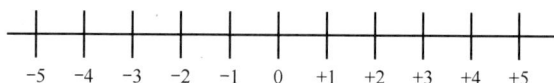

图 7.4 最好/最坏情况量尺

现在，你可以针对每个机会提出一些其他的问题：

- "与我们现在的处境（现状）相比，最好的情况会把我们带到哪里？"

- "与我们现在的处境（现状）相比，最坏的情况会把我们带到哪里？"

有多种排列和组合可以作为这两个问题的答案，但是，这里有几种可能性：

- 最好情况：+5，最坏情况：+1

结论：无风险。即使我们得到最坏的结果，我们也会比今天过得更好。

- 最好情况：+1，最坏情况：−5

结论：高危。失去的比获得的要多得多。值得去做吗？

- 最好情况：-1，最坏情况：-5

结论：机会，很多时候是一件好事，为什么利用机会反而使我们倒退了呢？有时候这种情况会发生。一个很好的例子就是我们公司几年前探索的一个机会。我们的一个竞争对手，规模是我们的 3 倍，在等待被收购。显然，这是一个很有吸引力的机会，因为我们可以在一夜之间将业务翻两番。然而，那个竞争对手在市场上的名声并不是很好，我们觉得我们购买的不仅是这个竞争对手，还有它不好的名声。我们认为，这个机会会使我们倒退。最后，我们否定了这一收购机会。

- 最好情况：+3，最坏情况：-2

结论：如果一个因素是正向的，另一个因素则是负向的，我们必须看清这两者之间的差距。A（+1，-4）显然不如 A（+4，-1）。

使用风险/回报分析的结果是，我们现在可以了解机会的"精华部分"。位于榜首的显然是所有机会中最好的了。

第四步：实施

创新流程的最后一步是制订实施计划，避免出现最坏的情况，并确保最好情况的发生。同样，这个步骤分为三个阶段。

第一个阶段是从开发步骤就开始同时考虑最好和最坏这两种情况，然后提问：

- "哪些关键因素可能导致最坏的情况？"
- "哪些关键因素可能引发最好的情况？"

列出可能引发这两种情况的关键因素。

然后，第二个阶段是预测能够防止最坏情况出现并促进最好情况发生的措施。预防性和促进性行动都必须针对可能的原因，因为这些是引发最好或最坏结果的关键因素。

这一步骤的第三个也是最后一个阶段是制订计划，实施仍然在名单上的每个机会。该计划包含实施每个机会所需的步骤或活动。在计划中，应该同时包含促进性措施和预防性措施。这将确保避免最坏情况的结果，并实现最好情况的结果。

本章所述的创新思维流程的目的是促使创新在组织里持续进行。领导者的角色是提供一个平台和一个框架，促使流程发生。这意味着当召开会议时，议程的一部分致力于寻找机会，并有一个正式的流程（框架）使之得以实现。

约翰·加德纳（John Gardner）在 1963 年出版的著作《自我重塑》（*Self Renewal*）一书中说，要进行更新，你需要找出那些对稳定和创新来说都具有独特性的因素，因为没有创新的稳定就是停滞不前，而没有稳定的创新就会失控。他认为，我们需要在内容上创新，在流程中保持稳定，我们对此表示赞同。

尼科洛·马基雅维利（Niccolo Machiavelli）曾经这样描述创新者："创新者树敌于所有在旧秩序下成功的人，而那些在新秩序下成功的人给予创新者的也仅仅是微不足道的支持。"由于将创新视为对现状的"创造性破坏",因此我们很容易理解为什么从现状中受益的人会受到创新的威胁。然而,我们只能前进,没有其他选择。如果变化伴随着一个有意识且可见的过程,那么它对人们的威胁就会减少。

正如史蒂夫·乔布斯所言,"创新是领导者与追随者的区别",众所周知,创新成功地影响着整个苹果公司。因此,对变革型领导者来说,问题是如何在整个组织中部署经过验证的创新流程?请在第8章寻找答案。

8 / 使新产品创新成为可复制的商业实践

对变革型领导者来说，有效的新产品创新其实很简单：创新能够且必须作为一个可复制的流程来实践。然而，即使在最成功的公司中，这样的流程通常也不是持续和可复制的。35 年的顾问经验让我们确信，除非一项活动是以一个可描述的流程形式进行的，否则它将不会作为一种组织技能被持续地实践或传授给其他人。

此外，产品创新不仅是防御性武器，而且是一种进攻性武器。真正创新的产品是迄今为止企业竞争的最好武器。然而，仅凭一种伟大的产品并不能带来长期的成功。产品创新必须持续进行。想想石头宠物（Pet Rock，1975 年最火爆的圣诞礼物）、魔方（Rubik's Cube）、椰莱娃娃（Cabbage Patch Kids，美国克莱克公司推出的一种以领养方式出售的布娃娃）——就像流行音乐排行榜一样，商业史上充满了"一鸣惊人"的奇迹。然而在第一次"大爆炸"之后，它们的名字很快就被遗忘了。

伟大的产品创新者之一亨利·福特（Henry Ford）说："当一个人开始认为他终于找到了方法时，他最好对自己进行一次彻底的检查，看看他大脑的某个部分是否还没有睡着。"换句话说，产品创新需要一个不断重复的流程。太多的组织在一两次"激活"后又"睡着了"。

正如我们已经说过的，成功的关键是有一个经过深思熟虑的创新流程。在接下来的章节中，首先，我们概述了客户如何在正式的创新项目中使用我们的创新流程并使其贯穿项目始终。其次，我们解释了客户如何采取措施，使创新成为其文化的一部分。这两者都要求创新成为一种持续并可复制的商业实践。

让创新成为组织结构的一部分

以下是一些有用的技巧，能将创新思维和新产品创造变成可复制的商业实践。

禁止"不"字

在与客户合作的过程中，中层管理人员经常告诉我们："问题不在于我们缺乏产品开发的机会。而在于管理层否决了一切。"换言之，管理层拒绝了一切关于新产品的概念。那么传达给组织员工的信息就是，管理层对开发新产品不感兴趣，结果导致了中层管理人员不再提及相关的话题。

经过对这一现象进行更仔细的分析，我们得出了两个有趣的结论。首先，我们没有遇到过哪位首席执行官或哪个管理层故意阻止新产品的开发。其次，我们注意到，当出现新的机会时，他们中的许多人会立即发现想法或实施计划中的严重缺陷，别无选择，只能说"不"。原因很简单。管理层通过提出几个非常尖锐的问题，从而很快挑出其中充满漏洞的地方，往往不是因为产品本身，而是因为实施方案没有经过深思熟虑，所以首席执行官或管理层就断定产品创新不太可能成功。随后，这个提议被拒绝或者被退回进行繁杂的验证。这种情况经常发生，因为新方案提议者对新产品概念的结果、风险或潜在问题考虑不周。也就是说，他们没有考虑本书所描述的开发步骤或实施步骤。难怪管理层会说"不"。

向所有关键员工灌输产品创新的概念和流程

如第 2 章所述，在和平时期，军队不怎么需要什么领导者，然而，在战争时期，则需要很多领导者。产品创新也是如此。没有竞争时，显然不需要产品创新者，而竞争激烈时，公司需尽可能多的新产品。一些公司试图将新产品开发委托给一小撮专业人士或专家，授权他们代表公司创造新产品。这些高管没有意识到，创造力是没有地域限制的。每个参与产品创新"链"的人，包括客户和供应商，都需要被灌输产品创新的概念和流程。新产品开发需要在整个组织中被广泛授权，而不仅局限于一小撮专家。

在我们看来，最好的领导者可以将他们的技能传授给他人或向他人传授。正如前面章节曾举例的体育教学，只有充分意识到我们使用的方法或流程是什么，我们才能取得成功。

不过，创新思维流程是可以进行研究和学习的。为了在创新竞争中取胜，公司必须比竞争对手更善于掌握这一流程。

开发收集新产品概念的系统

管理层必须实现的一个最重要的认知是，任何组织都需要两个管理系统，一个用于运行现有业务，另一个用于运行未来业务。第一个致力于管理当前的产品、当前的客户和当前的市场。第二个致力于开发未来产品、未来客户和未来市场。这两个系统要求的能力是不同的，需要分开进行。第一个通常是面向过去，处理当前产品在当前市场上遇到的问题和困难。第二个需要面向未来，为未来市场创造新产品、新机会。

大多数组织都有自己成熟的系统、正式的平台及会议来管理当前的业务，但很少有组织拥有开发未来新产品和新概念的规范流程。管理者会经常遇到问题，他们把自己看作问题解决者。如果这是他们的核心身份和获得认可的基础，那么他们和组织就可能永远不会有太大的创新。很多组织的报告都倾向于关注负偏差和绩效不佳。这样的系统培养出的往往是问题解决者，而不是机会创造者。因此，管理愿景需要着眼于机会并面向未来。机会的创造、选择和实现必须由规范且正式的结构和系统来支持，并且必须进行管理。不仅仅是修补眼前的缺陷，或者应对来自竞争的压力，这样的反应只是被动的行为。在我们看来，变革型领导者应该在关注问题的同时主动寻找机会。

创新思维需要培养积极主动的行为。因此，管理层会议应该有单独的议程，同时把重点放在机会上，当然也不忘解决问题。因此，管理层的挑战是理解新产品创造和创新思维的流程，并将其制度化为组织的一项正式活动。

组建一个新产品开发委员会

鼓励开发新产品的一种方法是组建一个新产品开发委员会，作为评估和激活新概念的协调中心。它的任务不是生成新产品概念，而是评估、批准、发起和监督新机会。

鼓励冒险

许多明智的管理者都曾说过："如果你没有犯错误，那么你就是还没有做过决策。"恪守这一格言的公司有一种鼓励冒险的文化。3M就是一个很好的例子。"可以犯很多小错误，但尽量避免犯大错误"，这是 3M 的做法。3M 通过一种被称为"走私"的方式进一步鼓励冒险。3M 允许员工在未经上级批准的情况下，将其 15% 的时间用于他们希望参与的任何项目上。谷歌的员工"休创新假"，这与 3M 有异曲同工之处。其他公司，特别是洛克希德·马丁公司（Lockheed Martin）和波音公司，通过调用特定的"臭鼬工厂"[1]团队进行了不同的尝试。无论采用何种方法，创新思维都需要承担风险。谨慎而有计划地冒险，但冒险还是要继续。当然，没有一个组织会把所有赌注都压在骰子上。

例如，大多数人会认为贝尔实验室是一个较为保守和谨慎的组织。然而，在 20 世纪的 90 年代，从自动电话交换机的设计到晶体管、半导体、光缆的发明，贝尔实验室创造了一批优秀的创新产品。显然，贝尔实验室有一个评估风险和潜在收益的流程，且该流程得到了管理

1　臭鼬工厂（Skunk Works）是洛克希德·马丁公司高级开发项目（Advanced Development Programs）的官方认可绰号。臭鼬工厂以担任秘密研究计划为主，研制了公司的许多著名飞行器产品。——译者注

层的认可。显而易见的事实是，自从 AT&T 在朗讯的支持下分拆以来，这一流程却被搁置一边了。

在许多公司，某些管理制度不鼓励冒险，而是倾向于最大限度地提高短期业绩。这种思维现在在高层中普遍存在，正如亚当·戴维森（Adam Davidson）最近在《纽约时报》上所提到的那样：

"这才是真正的问题。从首席执行官的角度来看，长期研发是一项糟糕的投资。这些项目耗资巨大，常常失败。即使在他们工作的时候，其他公司也可以免费复制那些最好的创意。已退休的杜邦公司（DuPont）前首席执行官查尔斯·霍利迪（Charles Holliday）告诉我，很难让投资者提前两年多的时间去思考这些不确定的未来产品。股市只会为你现在所做的事情买单。"

因此，杜邦并不是唯一一家改变研发方式的美国公司。IBM、AT&T、施乐和其他公司的研究实验室也被精简或完全削减。

治理专家正在琢磨如何解决这一困境的各种方案。戴维森接着说：

"政府当然不能简单地通过一项法律去迫使企业考虑更长远的问题。但是国会可以做其他的事情，如改变激励措施，远离短期主义。还有，长期研发投资还可以降低持有股票的资本利得税。或者，公司可以创建不同类别的股票，从而给予那些持有该股票时间更长的人更多的投票权。另一个在商界广受欢迎的想法是：吸引外国博士生到美国展示他们的新产品概念。"

短期主义的结果是创新活动减少，竞争力下降。如今在许多美国公司中存在的规避风险的管理方式已经让美国付出了沉重的代价。这不是一个新现象。退后几十年，你会发现许多发明都诞生于美国，但如今其他国家的创新比比皆是，尤其是来自日本的新产品。其中一个例子是晶体管，它是贝尔实验室发明的，但由索尼公司进行开发。另一个例子是录像带，它是由总部位于美国加州的 Ampex 公司发明的，但后来被索尼和松下加以运用。今天，中国已经成为世界的创新中心。戴维森在《纽约时报》的同一篇文章中指出："中国已经计划将重点放在令人兴奋但尚不明确的创新上，如绿色能源、生物和纳米技术，这些想法很可能在 21 世纪 20 年代转化成产品，面世于众。"

到那时，这些技术产品的商业化很可能伴随着全球竞争力的转变。中国从"世界制造商"向"世界发明家"的转变，将对世界产生深远的影响。

微创和大创都要鼓励

标题传递的信息已经很清楚了。不要把公司的未来押宝在永远难以捉摸的"天上掉馅饼"式的机会上。关键是要有一个装满新产品概念的漏斗，它可以随时打开，从而让一个新概念得以实现。

创新的衡量

正如彼得·德鲁克所说："如果某件事对组织很重要，衡量它！"我们完全同意。如前所述，3M 推广了一项简单而深刻的创新措施——所有 52 个部门的业绩衡量标准是，每单位销售额的 25% 必须来自 5 年前不存在的产品。乐柏美（Rubbermaid，美国家庭用品第一品牌）也做到了。事实上，乐柏美更进一步，其规定业务部门 33% 的收入来自 5 年以内的新产品，总收入的 25% 来自美国以外的新市场。

关于这些指标，需要注意的一点是，它们衡量的是创新的产出，而不是创新的过程。当吉姆·麦克纳尼（Jim McNerny）在接替杰克·韦尔奇（Jack Welch）担任通用电气董事长兼首席执行官的竞争中输给另一位候选人杰夫·伊梅尔特（Jeff Immelt）后，他去了3M公司。随后，他采用通用电气在20世纪90年代使用的效率计划作为标准管理实践，试图将3M的创新文化和流程进行"六西格玛"格式化。结果呢？短期内降低成本和增加利润的代价是扼杀创新，再者，新产品带来的新收入减少了。后来，麦克纳离开3M公司加入波音公司，如今，麦克纳尼成为波音公司备受尊敬的首席执行官，事实证明，波音公司更适合这种管理风格。

以上这些故事给我们的启示：衡量，很重要，但需要衡量正确的事情！

创新的报酬和奖励

同样重要的是，要认识到人们不会做你想让他们做的事，而是做你付钱让他们做的事！因此，如果你的员工没有因为新产品的投入得到报酬和奖励的话，那么他们为产品创新付出努力的事情也将不会发生。所以说，任何产品创新计划的必要条件就是要有一个可见可及的报酬和奖励制度。

根据企业的战略重点，为了鼓励不同类别的创新，奖励制度可能需要有所倾斜。如果战略是建立在保持领先地位的基础上的，那么产品创新可能需要得到比产品延伸更高的报酬。如果战略仅要求我们做一个行业的跟随者，那么产品延伸就应得到更好的回报。关键是企业的薪酬体系需要鼓励并支持企业战略的产品创新。

严格测试产品创新

产品创新应得到鼓励和奖励，但必须受到与其他基金和资源需求相同的审核。大多数组织对资本支出要求的合理性进行了相当严格的测试，但在为新产品机会进行同样的测试时，他们不太知道该从哪里开始。

以下是向那些新机会的提供者提问的问题列表：

对新机会进行评估的问题

- 这个机会的来源是哪里？
- 考虑其他机会了吗？
- 在成本/收益方面排名如何？战略契合度与实施难度如何？
- 在风险/回报方面排名如何？
- 风险/回报与其他机会的差距有多少？
- 成功的关键因素是什么？失败的关键因素是什么？
- 你将如何促进成功？你将如何避免失败？
- 你的实施计划是什么？
- 你认为你的计划成功的概率是多少？
- 谁来管理计划？

这些问题是提议者和构思者必须对自己提出的问题；这些问题也是作为负责任的管理层必须提出并回答的问题，这样才能更明智地评估创新机会。既然创新是可以管理的，那么创新就应该接受审核和客观的衡量，并且创新流程和创新内容一样重要。

将产品创新转化为一种条件反射

必须将这种有意识的管理流程制度化，使其成为一种可复制的商业实践。换句话说，随着时间的推移，该流程应该成为一种条件反射。将这些流程的概念向下传达到组织基层对于组织的成功非常关键。原因很简单。与许多人的看法相反，管理层在组织中建立的流程会让员工以某种方式行事，因此，在整个组织中传播这些基本的思维流程对组织的成功至关重要。遗憾的是，在当今的商业活动中，创新思维是一种越来越罕见的技能。不过，最好的公司已经掌握了创新思维技能，并且有能力将这些技能灌输给整个组织的数十、数百甚至数千名员工。

总结

本书描述的流程可使产品创新不断进行。领导者的角色是提供一个平台和一个框架，促使流程发生。这意味着当召开会议（平台）时，议程的一部分致力于寻找机会，并有一个正式的流程（框架）使之得以实现。

约翰·伯吉斯（John Burgess）在担任美国光学设备制造商Reichert 的首席执行官时，就将这一流程作为企业战略不可或缺的一个组成部分。

伯吉斯在接受《战略家》（*The Strategist*）采访时说：

我们已经制定了某种产品开发流程，但进度很慢，而且它没有合适的方法来决定重要的问题：我们应该开发什么产品？为什么开发？优先考虑什么？我们一直在寻找一种产生新想法并促使产品不断更新的方法，但要确保它们是市场所需要的、从我们的观点来看是可行的，而且是具有创新性的，这样我们才能在我们决定要追求的市场中重新确立我们的领导地位。

我们喜欢迪必艾的"产品漏斗"概念，既保持了产品概念的完整性，又使产品概念充满活力，而且能够通过战略开发和战略筛选将其从漏斗中筛选出来。

最终的成果是，产品"适合"市场需求和战略规划。

我的墙上挂着一幅图，我称为"战略流程状态"。我有一个大漏斗，以及加入漏斗的产品列表。漏斗的底部是待开发的机会。这是一个简短的产品列表，我们努力思考并分析，当它们到达战略过滤器时，我们将有能力回答所有的问题。

有这样的一条线——战略过滤器，如果产品过滤后通过了这条线，它们就会进入我们称为"技术验证"的阶段。这些产品都是经过了筛选的，但我们不确定我们是否掌握了这项技术，确保我们能够继续前进。我们必须确保它们能成功。

下一个关口是"技术证明"。一旦证明了这项技术，我们便进入了产品开发周期。我们这里有一份产品列表。然后下一个关口是"产品发布"，最后一个关口就是"投产"了——这样，这些产品走过了整个流程，正式投入生产。

04

情境
领导力

9 / 运营和执行之间的平衡

一旦制定了战略并瞄准了创新机会，领导者就要承担日常运营的任务。当领导者试图一直让"火车头"保持正轨时，各种各样的运营情境都会浮出水面，这就需要领导者具备另一套心智技能。现在需要的是用于运营决策的框架，该框架可以使组织不断适应新的战略轮廓，从而解决日常问题。

在这点上，我们经常会被问"运营和执行之间的区别是什么"。我们的回答是，两者没有区别。要在运营和执行之间成功实现平衡，最大的一个障碍是，人们认为运营和执行在某种程度上是完全分开的。诚然，有些专注于执行的团队可能被要求成功地执行战略，但这与乏味单调的日常运营也是密不可分的。也就是说，运营和执行其实是一回事。

然而，我们只要到书店里去看看，就能找到大量关于执行或部署的最新管理文献，显然这一经营管理主题已经成为一门独立的学科。

管理学说将执行确立为一门独立的学科，并完全独立于战略本身和日常运营，为什么会这样？

这是执行的问题

历史上不乏从未实施的"伟大"战略的故事：

- 惠普计划收购普华永道咨询公司，该计划将使惠普能够与 IBM 相抗衡（具有讽刺意味的是，IBM 完成了此项收购）。
- 摩托罗拉花费 50 亿美元押注铱星卫星电话。
- 思科系统在一度酷炫的 Flip 摄像机上浪费了 3 亿美元。
- 苏格兰皇家银行收购荷兰银行的灾难性决定。
- 早期的网络宝贝公司——宠物网（Pets.com）。

从理论上看，这些失败者和其他一些失败者看起来都是赢家，至少对那些构思战略的人来说是这样的。这些例子也不幸地验证了一个说法："只有写在纸上的战略是对的。"

现代管理思想将战略的失败完全归咎于执行。这种戏剧性的简化在某些领导团队中备受欢迎，那些为领导团队"提供建议"的咨询公司也非常乐意因此把注意力从它们身上转移开。它们会说："这是一个伟大的战略，遗憾的是，它没有被成功执行。"可笑的是，如果战略无法执行，它何来的"伟大"！

战略"执行失败"的结果是进一步将战略的制定和执行分开，并试图将执行转变成一个独立的流程。通常我们会看到，外部顾问负责制定内部人员应执行的战略。默认这种做法，导致了一系列精心设计的"执行系统"，试图解决战略本身的缺陷。组织由此陷入恶性循环。

没有选择权的行动者与选择的下沉

推动执行力的一种流行方法是将所有事情都放入极其复杂的业务实践中去，这种方式往往会剥夺一线员工独立思考的自由。这种方法固有的信念是"不信任一线员工做出的决定"。

在"对不起，我无能为力，这是公司的政策"这句经典的台词中，隐藏着试图抹杀员工的思辨能力来规范其行为的陷阱。这样做显然忽视了明显存在于员工内部的智慧和能力。基因工程可能在医学中很流行，但如果你认为人是最重要的资产，那你为什么要试图删除他们的基因而去植入一部管理工程学的"规范手册"呢？

在《哈佛商业评论》（Harvard Business Review）上发表的《执行陷阱》（The Execution Trap）一文中，罗杰·马丁（Roger Martin）用大脑与身体的比喻，描述了其与战略执行令人震惊而又十分精确的相似点。正如我们的大脑决定选择吃苹果，胳膊和腿必须"毫无选择"地遵守由此产生的指令一样，马丁认为，现代管理学说把领导视为大脑，而把员工视为无选择权的行动者。组织的另一种选择是将战略及其执行视为一种可选择的层层下达。马丁用"湍急的河水"的比喻解释道：

要解决战略失败的问题，我们需要停止用大脑对身体的指挥方式执行战略。相反，我们应该把组织想象成湍急的河水，各种选择从上到下，层层下达。每组急流都是组织可以做出选择的一个关键点，每个上游选择都会直接影响下游的决策。公司高层做出更广泛、更抽象的选择，涉及更大、更长期的投资，而基层员工则做出更具体、更日常的决策，并直接影响客户服务和满意度。

在层层下达中隐藏着这样一个概念，即各层级的员工都需要了解战略的实质，并有能力做出与之相一致的、可操作的、较低级别的决策。例如，高层管理人员会对诸如"我们应该参与到哪个商业沙盘中"或"我们如何在选择的商业沙盘中获胜"这样的选择进行讨论。这些都是由战略思维流程处理后所做的选择。然而，随着层级的向下传达，选择的性质开始有所改变，而这需要一套不同的批判性思维能力。例如，部门经理可能会问："该战略对招聘、培训和员工管理等有何意义？"服务部门的主管可能提出更加尖锐的问题："这一切对站在我面前的客户意味着什么？"

马丁最后指出，"选择的层层下达模型并不像战略执行模型那么普遍"。也许是因为领导者害怕在选择的层层下达过程中可能会失去控制，抑或他们认为创建"思辨精神"文化太难了。难道把一线员工当作没有选择权的行动者，只告知他们应该完成什么、何时完成、如何完成，同时衡量他们表现的方方面面，并在每个转折点监督他们，这样会更安全？如果是这样，购买一个机器人可能更安全、更高效。

我们认为，要设计出一本涵盖所有可能性的指导手册是不可能的。只有具备虽不完美但能灵活应对的一套独立思考技能，才能有效地解决复杂多变的运营决策问题。

选择的下沉意味着决策

把战略真正转化为日常行为，有赖于各层级的出色决策者。与其培养"无选择权的行动者"，不如创建决策文化。显然，这将考验包括领导者在内的相关人员的决策魄力。遗憾的是，并非所有的员工都是优秀的决策者。那些无法将自己的技能传授给他人的人，其实他们不了解自己的技能。

很多时候我们缺乏一项关键的技能：将战略转化为所有员工都能理解的、具有可操作性的概念，然后将其作为制定决策的指南。各层级领导者的作用就是协助他们的下一层级进行转化工作。一些组织已经完善了这项管理艺术，并做得不错。亚洲领先的低成本航空公司亚洲航空（Air Asia）就是一个很好的例子。其口号是"现在人人都能飞"，这可以很容易地解读并传达给任何一个地勤工作人员。对机组人员来说，这意味着大多数旅客都是首次乘坐飞机，他们需要额外的服务。对于工程师而言，这意味着他们需要明智地管理成本以保持公司对低价格的承受能力，从而让更多的旅客能乘坐飞机。

虽然试图通过为所有事情制定规范手册，将人工操作转变为无选择权的机器人操作是很有诱惑力的，但更好的方法是为组织员工赋能，使其能够做出与精心制定的战略相一致又合理的决策。

当然，考虑到企业的可持续及可扩展性，我们并不鼓励企业进入无序状态，也不建议将关键业务流程全都弃之不用。只是管理层不该剥夺明智的员工在需要的时候进行思考的能力。当然，除非你愿意听到你的员工说这句话："对不起，我无能为力，这是公司的政策。"

我们需要在控制和授权之间取得平衡。授权的决策要求你的员工做出正确的决定。毫不夸张地说，任何一个组织的未来都是各层级员工根据日常所面临的情境去实施相应决策的"总和"。由于业务流程永远不能涵盖所有的可能情况，而且并不是所有的操作流程一开始都是正确的，因此迫切需要一种批判性思维文化来进行引领。

在第 10 章中，我们将详细阐述经过验证的决策框架，我们称其为情境管理。

为什么需要批判性思维框架

各层级员工每天都面临着不同情境的挑战，诸如：

- 在不断缩短的时间表里，事务的复杂程度在不断增加。
- 同样的问题重复发生，经常困扰他们。
- 日常支持公司战略目标的行动举措有些模棱两可。
- 在解决共同问题时团队缺乏一致方法。
- 期望在一个新的领域取得成果，但他们在这个领域的经验和专业知识有限。
- 无法说服管理层、客户或合作伙伴相信他们提出建议的依据。

大多数人被要求每天思考和应对运营情境，并且大多数人都干得不错。那么，为什么需要一个批判性思维框架呢？答案很简单，因为应对的情境越来越多变、复杂。

商业环境正在发生许多变化，这给"好的思维"及其相关行为增加了难度。让我们一起来探讨其中的四个变化。

信息爆炸

我们正处于信息爆炸之中。尽管这种现象经常被提及，但人们并不总是能理解爆炸的具体含义。研究人员表明，从 1750 年到 1900 年，在 150 年的时间里，全世界的信息量翻了一番。从 1900 年到 1950 年，在 50 年的时间里，全世界的信息量又翻了一番。接下来，在 20 世纪 50 年代到 60 年代，全世界的信息量在 10 年间翻了一番，到 20 世纪 70 年代，全世界的信息量在 10 年间翻了两番，在 20 世纪 80 年代，全世界的信息量增长了 7 倍，在 20 世纪 90 年代和 21 世纪头 10 年增长得更多。

人们经常引用这样的话：生活在 17 世纪早期的人们——当时莎士比亚正处于鼎盛时期——人一生中获得的信息量与《纽约时报》一个单一版面中所包含的信息量相同。如果这听起来很吓人，再考虑一下英国《每日电讯报》的理查德·阿莱恩（Richard Alleyne）的研究："如果你认为自己正遭受信息过载的困扰，那么你可能是对的——一项新的研究表明，每人每天都会被相当于 174 份数字报纸的信息量所轰炸。"

检索、收集和整理数据比以往任何时候都更加困难了。将相关信息与无关信息分离也变得越来越困难。在信息过载的情况下确立清晰度从未像现在这样具有挑战性，因此增加了我们采取行动的风险。领导者需要具备快速、有洞察力和可复制的批判性思维技能，这样才能有效地处理大量信息。可以肯定地说，领导者是"信息处理者"，当信息爆炸时，需要他们运用合适的思维流程来跟上节奏。

知识淘汰加速

技术变革日新月异。麻省理工学院的研究发现，毕业一年后，工程师在学校所学知识的 50% 已经过时。随着高科技应用的日益普及，变化几乎每天都在发生。我们不能再单纯依靠自己的经验和专业知识来处理各种情况了。我们比以往任何时候都更需要解决我们几乎没有或根本没有第一手知识的难题。在应对这些情境时，我们不能依靠"内在感受"或直觉，因为我们没有任何基础可以信赖。

时间压力

管理不善的后果比以往要严重得多，错误的代价比过去要高得多，但矛盾的是，由于业务增长的步伐加快，我们并没有更多的时间去思考。这时，快速、有效地思考需要一张"地图"来导航。

包容与参与

最后一种变化是社会性。随着民主意识的活跃和自主权的扩大，越米越多的人希望参与到思维流程中去，尤其是 Z 世代[1]的人群。这些员工希望他们的投入、目标和选择都能得到充分考虑。这时需要有一个共同的情境管理流程来支持，而且让每个参与者都能充分理解。

面对这些变化，领导者需要有意识地使用思维流程来应对不同的情境。

遗憾的是，即使优秀的思想家也没有意识到他们自己是怎么思考的。他们并不清楚自己通常用来得出结论的方式、方法或逻辑关系是

---

1 Z 世代是指 1995—2000 年出生的人，又称网络世代、互联网世代，统指受互联网、即时通信、短信、MP3、智能手机和平板电脑等科技产物影响很大的一代人。——译者注

什么。他们将自己的能力归因于经验甚至直觉。

这种意识的缺乏意味着我们既不能提高自己的技能，也不能帮助我们的同事或下属提高他们的技能。要成为更好的思考者，降低情境管理的难度，我们必须有意识地认知到其中的流程步骤……或者说我们是如何思考的。

情境管理的批判性思维流程

有了相应的意识认知，领导者就能提高这些技能，从而提高应对挑战的质量。此外，只有当有意识地认识到"我们如何思考"时，我们才能提高领导力来辅导周围的人。这就是迪必艾开发这套被称为情境管理的批判性思维流程的原因。

情境管理分为四步流程：首先，辨识及确定优先问题；其次，分析问题，找到"问题的心脏"；再次，选择正确的行动方针；最后，计划并付诸行动。

在第 10 章中，我们将重点研究有效的情境管理所涉及的内容，包括：当确定优先问题时，我们到底从哪里开始着手？如何分析问题？这一流程与选择正确的行动方案有何不同？最后，该行动的有效计划及执行需要涉及哪些方面？

10/情境管理框架

我们有幸（或不幸）拥有一部智能手机，这使得我们每周 7 天、每天 24 小时待命，从早上进入办公室的那一刻起，我们不断被各种等待处理的事情轰炸，如：

- 信件。
- 电子邮件。
- 微信。
- 电话。
- 报告。
- 电话会议。
- 电话短信。
- 会议通知。

上至首席执行官、总裁、总经理、中层管理者，下至秘书、主管、电话接线员，甚至门口保安，对于上面的描述都是适用的。这些人都需要一本操作手册来指导他们将不同事情进行分门别类：列出必须紧急处理的事情，需要第一时间转交给相关人员的事情，以及可以暂时搁置一边的事情。换句话说，就是将事情按优先顺序进行排列。这项任务有些人是在头脑中完成的，而有些人则必须将其可视化，如写在纸上，或者使用某些个人管理工具。

你猜猜当人们把事情清单写下来的时候发生了什么？你猜对了：突然又增加了 6 件事情。我们在观察高管解决此类问题的过程中得出一个观察结果：工作中的人们被各种各样的事情困扰，这样的状况日复一日、年复一年地持续着。

然而，如果一个人想在上午 10:01 让"世界停止"，并对他办公桌上堆积的各种事情进行盘点或"拍照"留存，那他只会发现 3 种情境的事情反复出现，而且每一种都与发生的时间节点有关。

第一种情境来自过去。当它落在你的桌面上或电子邮箱中时，事情已经发生了。为什么已经发生的事情会出现在某人的待办事项列表上呢？为什么需要有人关心已经发生的事情呢？这可能是因为事情出现了错误，需要有人去纠正它。然而，在纠正之前，我们首先需要调查是什么原因导致了这种情况的发生。这种情境被称为"问题"，解决问题所需的思维流程被称为问题分析。问题分析是迪必艾开发的一个问题诊断流程，用于查找由于未知因素导致出错的原因。由此，当你整理桌面或处理邮箱时，一堆"问题"开始浮现。

第二种情境是你被要求去"做某事"。然而，可能有不同的事情要做，或者需要采取不同的行动方案。换言之，有多种选项或备选方案可供选择，但所有的选项看起来都相当不错，最佳选择并不明显。在这种情况下，你必须在当下进行择优。这个用于解决此类情境的思维流程被称为决策分析。决策分析流程可用于选出最佳的方案或行动计划，或者当只有一个选项的时候，你该如何做决策。该思维流程帮助你减少因选择的纠结带来的痛苦，或者决策时举棋不定，错失决策的最佳时机。

还有第三种情境，组织中的某人已经做出了一个临时性的决策，而他的责任就是要成功实施这项决策。考虑到实现这项决策需要制订一个着眼于未来的具体计划，那么就有必要预测那些可能阻碍计划成功的相关问题。如果这些潜在的问题是可以预见的，我们就可以采取行动防止它们发生。第三种思维流程被称为潜在问题分析，用于制订计划和成功实施决策。

因此，工作中的人们面对的事情清单可以分为三种情境：过去的、现在的和未来的。面对不同的情境，有意识地运用恰当的思维流程去应对，是理性决策的核心，也是快速并顺利解决事情的关键。

迪必艾的客户，凯德置地（CapitaLand）高级副总裁李东鹏（Lee Tong Peng）这样描述道："如果你把解决问题和做出决策从日常工作中移除，你还剩下什么？什么也没有！持续高绩效的主要驱动力是一套经过验证和整理的、解决问题和做出决策的思维流程，并将之内化为习惯。"

随着技术发展和业务步伐的加快，快速且成功地解决问题比以往任何时候都显得更为重要：

- 我们每周 7 天、每天 24 小时不断被信息"轰炸"，如何迅速"清空库存"已成为必须。
- 需要立即做出反应或采取行动。
- 随着竞争环境加剧，"轰炸"领导者的问题的性质发生了变化。
- 现在很多任务通常是由团队而不是个人来解决的。

对许多人来说，运营问题和战略问题之间的界限变得越来越模糊。下面是领导者可能在任何时候都会遇到的情境：

- 竞争对手破产。
- 另一个竞争对手进入市场。
- 管理层宣布了一项新的"绩效工资"计划。
- 部门的高绩效员工辞职。
- 大客户威胁你要将业务转移到其他地方。
- 为推荐新的供应商做好说服准备。
- 需要找出小部件产品销量下降的原因。
- 解决员工士气问题。
- 寻找某经理的接任者。

情境管理为领导者和管理者提供了一个框架——一个心智指南针，让他们在开始任何分析之前将自己定位在正确的流程中。就像消防员会使用适当的技术来扑灭不同类型的火灾一样，我们应用不同的"智力工具箱"来处理关于过去、现在和未来的事情。例如，当思考过去的事情时，需要我们处理已经发生事情的数据，这和我们思考未来将发生（或避免）什么所需要的技能截然不同。

最重要的一点是，由于所有员工的角色都是帮助组织实现其既定的目标，因此管理者处理事情的方式，甚至确定它们的优先顺序，都必须与公司的战略方向保持一致。情境管理的思维框架帮助组织实现了员工每天的行动与公司最高战略方向保持一致。这个硬性收益可以为组织节省数百万美元，除此之外，许多迪必艾的客户还谈到了情境管理流程所带来的软性收益。其中一位客户说："在节省资金、减少浪费和提高生产率方面已明显有所改善，我们发现还有些无形资产让我们收获良多。例如，我们现在多了一个沟通平台，每个人都可以在同一层面上进行交流。"

情境管理中批判性思维流程的 5 个组成部分如下所示。

流程一：情境分析

情境分析是一个帮助我们准确地评估不同情境性质的思维流程，其目的是确保我们"做对的事情"，该流程是最关键的第一个流程。当然，情境管理中的其余流程也是必不可少的，它们告诉我们（或我们的授权人）如何"把事情做对"。遗憾的是，在各种复杂多变的情境的持续轰炸中，即使精明的领导者也会被一些无关紧要的棘手问题所牵制。做正确的事情并不像看上去那么简单。他们经常犯的错误包括：

- 只对现有状况做出反应，排斥检查是否有"新状况"出现。
- 没有弄清楚事情真相就开始行动。
- 未能有效地确定优先顺序。

情境分析可以帮助领导者避免以上错误。情境分析的具体步骤如下。

第一步：定义情境

每个人都有需要处理事情。我们有些人已经有正式的清单，我们把它放在办公桌、日记本、数字助理软件、智能手机或今天要做的事情清单上。不过更多人都是靠记忆做事。情境分析的第一步就是要列出所有的情境。在这里，我们将情境定义为需要密切关注的事件或活动——无论是威胁还是机会，都可能对我们正在努力实现的结果产生影响。

情境分析步骤使领导者能够快速评估他们手头的所有事情。这些事情将涉及不同的利益关系人——我们的老板、下属、客户——或者我们主动识别的其他人。

第二步：拆解

我们需要处理的许多事情往往都是很笼统的，它们本质上是混乱且模糊的。我们必须运用凯撒大帝的"分而治之"原则来解决每件事情。这就是所谓的拆解。它是一种将复杂的大型情境分解成更小、更具体、更易于管理的小情境的技巧。我们将模糊的情境拆解开来，直到拆解成可处理的独立的小情境。

第三步：确定优先级

完成第二步的拆解意味着我们现在有更多的事情需要处理。既然爱因斯坦都承认他一次只能做一件事，那我们还是为这些事情确定好优先级吧。有多种方法可以确定优先级。我们先看一些错误的例子。有种方法叫先进先出，也就是说，首先进入篮筐的东西会立即引起关注。后进先出的方法是相反的，即最后进入篮筐的东西会立即引起关注。第三种是"会叫的孩子有奶吃"的方法，即谁喊得最大声，谁就先得到他人的关注。第四种方法是根据请求者来确定优先级——与级别稍低的同事相比，上司的问题更重要。使用不同的媒介可能给问题带来不同的优先级。通过电子邮件而非邮寄信件接收的信息可能获得更高的优先级。我们可能优先考虑我们想要做的事情，而不是我们需要做的事情。然而，如果我们想正确地确定优先级，则需要留意三个要素。

首先，看严重性。

这个问题有多重要或多严重？

该问题对财务、人身安全、组织安全、名誉等有何影响？

其次，看紧迫性。

解决它的最后期限是什么时间？

有什么紧急状况？

最后，看扩散速度。

如果我们什么都不做，会使事态更严重吗？

对问题严重性和紧迫性的评估是比较明显的理性倾向分析因素，而扩散速度往往会被忽视，其实它同样重要，尤其是在"病毒式"社交媒体时代。音乐家戴夫·卡罗尔（Dave Caroll）和他上传到 YouTube 上轰动一时的热门歌曲《联航砸坏了吉他》（*United Breaks Guitars*）就是一个很好的例子。戴夫最初只是向美国联合航空公司投诉他的一把吉他在托运途中被弄坏了，当时可能并不是那么严重的事件——这只是一个孤立事件。然而，事件的发展态势急转直下。当美国联合航空公司的解决方式未能让戴夫满意时，他把自己的经历写成歌曲并拍成视频上传到了 YouTube 上。这段视频在 24 小时内被美国有线电视新闻网（CNN）和其他主流电视台疯狂转发，美国联合航空公司变得被动起来。截至 2011 年 12 月，《联航砸坏了吉他》在 YouTube 上的点击量达到 1100 万人次，还增加了两部续集。如果美国联合航空公司的管理层早前能意识到这样的后果，也许他们会以不同的方式对待戴夫的投诉。那么，你的客户关系管理系统里潜伏着多少个戴夫·卡罗尔？

把严重性、紧迫性和扩散速度这三个要素应用到每个问题上，将有助于我们正确地确定问题的优先级。

第四步：分配

一旦为我们关注的问题确定了优先级，下一步就是将每个问题放置到适当的分析和解决流程中。以下 3 个问题可以帮助我们厘清思路：

1. 我们想知道导致如此结果的原因吗？如果答案是"是"，则需要进行问题分析。

2. 我们是否需要选择最佳方案？如果答案是"是"，则需要进行决策分析。

3. 我们想保证我们的计划成功吗？如果答案是"是"，则需要进行潜在问题分析。

第五步：管理

情境分析是思维流程的中心。它是逻辑地图的指南针，指导我们进行恰当的分析过程，从而成功地解决问题和应对情境。为了确保按照正确的流程解决问题，最后一步是管理。

在管理这步中，我们将问题的解决方案指派给一位同事（如果适合的话），明确规定在问题完全解决后能达到的预期结果，并建立一个跟踪进展的监测系统。

流程二：问题分析

试想一下你头脑中典型的问题解决者是怎样的一个人。他长什么样？他解决了哪些类型的问题？他是怎么做的？

我们的许多客户想到的画面是衣服上标有姓名、手拿写字夹板的生产主管迎面走来！当机器损坏时，配备工具箱的修理工会来修理机器。在这种情况下，"问题"是有形的，就拿机器来说，问题解决者是利用他们对机器的深入了解来修理机器的。你可能会说，问题解决者更多的是依赖经验和专业知识，而不是任何"思维流程"。

当今的现实世界已大不相同。有些问题可能具有"事物"的特征，但有些也可能与"软件"有关，包括人、销售数字、效率或生产率。收集和过滤关于这些问题的相关信息是有效解决问题的主要挑战。我们需要一个流程来帮助我们做到这点，并将我们的分析推向最合适的行动方向。

用情境管理的语言来说，问题是指绩效或结果偏离目标的原因不明，因此值得去关注、处理。

在解决问题时，我们通常把自己置于过去。当谈论分析一个问题情境时，我们都希望把问题转变为行动。每当有问题发生时，我们必须回答"我们该如何处理"这个问题。

在所做事情被大家看到的压力下，热情高涨的领导者有时候会走进随便"做点事情"的怪圈。这往往只会让事情变得更糟糕。我们需要一种有效的方法找到我们所观察到的问题之间的快速"连接点"，例如，ABC 产品的销售量突然下降或 XYZ 流程中的高出错率，以及出现这些问题的原因。一旦查明原因，就可以采取适当的措施。

鉴于大多数重大问题都是由团队解决的，因此在解决问题时需要克服一些困难：

1. 无法就问题所在达成一致意见。

2. 很难将与问题相关的数据快速整理成可进行正确分析的模式。

3. 缺少有关该问题的关键数据。

4. 无法避开那些可能导致问题发生的相关变化，从而采用"蛮力"方式解决问题。

5. 采取行动去"复原"变化，而不是检查这些可能导致问题发生的变化（这可能带来更高质量的解决方案）。

为了避免踏入这些陷阱，我们需要采取若干步骤。这就是问题分析的逻辑路径。

有些人可能认为接下来我们介绍的方法有些过头了，但不妨借鉴我们在此流程中节省数百万美元的迪必艾客户的经验。当然，我们也可以把数百万美元的节省归功于那些能够仔细检查并提供合理建议的机械师和空调工程师。一位美国客户仅在其 6 条生产线中的其中 1 条上使用了问题分析流程，就节省了 230 万美元。一个由非 IT 专业人员组成的团队与马来西亚的一个保险客户合作，仅用了 3 个月的时间就制定出一个 IT 问题的解决方案（IT 专业人员无法完成）!

现在让我们来看看问题分析逻辑路径中每个步骤所涉及的技巧。

第一步：界定问题

第一步当然是界定问题。"我怎么知道我有问题？"看待问题的一种方式是说某些障碍干扰了某个目标的实现，或者实际绩效与预期绩效发生了一些偏差。涉及的一个要素是识别预期绩效是怎样的，另一个要素则是对我们要实际达到的或实际发生的事情的了解。

当实际绩效与预期绩效一致时，就没有什么问题了。然而，当实际绩效低于预期绩效时，就会有一个负偏差。当实际绩效高于预期绩效时，就会有一个正偏差。这引出了一个微妙又重要的观点。与我们的常规思维不同，在情境管理的框架内，问题不一定是负面的。正偏差，如东海岸销售团队的人员流失率远低于预期，就可以通过问题分析来进行研究，目的很明显，就是要找出成功背后的原因，然后复制到其他地方。

为什么需要先界定问题？通过多年的咨询培训经历，我们发现，如果一开始就寻求解决某类问题，效率会非常低。我们需要把某类问题拆分成若干个具体可描述的问题，才能有效解决问题。所以需要首先界定问题。正确界定问题的公式：

一个问题 = 一个主体+一个偏差（正或负偏差）

不好的问题陈述：A 卖场突然业绩下滑。

较好的问题陈述：A 卖场本月业绩比上月下降了 20%。

更好的问题陈述：A 卖场本月某类型产品的销售量仅为 XXX（目标为 YYY）。

我们首先会注意到偏差的影响。不过为了纠正偏差，我们需要找出原因。要做到这点，我们必须收集信息。

第二步：收集信息

在问题分析步骤中，收集信息这一步是最常被忽视的。人们在收集信息时或草草完事或不按顺序进行。为什么会这样？主要有两个原因：

- 付诸行动的欲望强烈（但这应该是最后一步）。
- 一种错误的观点认为，如果我们已经清楚地界定了问题，就说明我们已经充分地了解它了。

收集信息这一步非常重要，因为：

- 这将消除多余的或不相关的（也许是歇斯底里的）信息，否则可能误导我们前进的方向。
- 这使我们能够清楚地发现需要填补的信息空白；发现我们遗漏了哪些信息。
- 这使我们能够对这个问题进行彻底的分析。
- 这将构成可能原因的基础。
- 这使我们能够测试可能的原因（演绎逻辑而非物理测试），因此我们可以快速地分离出最可能的原因。

如果你细心地阅读本节的其余部分，你将意识到，上面列出的内容包含了问题分析的 3 个后续步骤，这些步骤完全依赖于收集的信息的质量。因此，收集信息是至关重要的。这并不像听起来那么容易，与礼物不同的是，工作上的问题并不能被很好地包装起来。关于问题的事实数据通常是零散的、梳理不良的或丢失的。收集信息的目的是收集和组织有关问题的事实数据。

为了恰当地描述问题，我们可以从 4 个方面收集信息，分别是问题的特征、区域、时间和范围。

仔细检查这 4 个方面，可以确保我们正确地描述问题。如果存在某些差距，至少我们知道该从哪方面收集信息。

有一些提问试图用问题是什么（问题所在区域）和问题不是什么（非问题所在区域）来描述问题。许多人最初觉得这很奇怪又令人困惑。事实上，这是高度直观的分析，大多数人知其然而不知其所以然。下面是一些不那么显著但很常见的方法，我们可以用来进行"是与不是"的思维训练：

- 你正在看电视，屏幕突然变黑。你的自然反应首先是（几乎是立即）确认灯或其他电子设备是否正常运作（验证问题不是断电）。然后，我们会切换频道，看看是否能正常工作。通过这样做，我们可以得出结论，问题出在正在收看的 A 频道。
- 你注意到你的私家车后外侧门上有一道划痕。我们会检查前车门和另一个后侧门是否有划痕。就此，我们可以得出结论，问题"所在"是后外侧车门，而不是其他车门。

- 当你因胃部疼痛去医院时，医生无疑会通过按压不同部位后你的反应来判断疼痛的范围（疼痛发生在哪里，不在哪里）。

通过用"是什么、什么地方、什么时候、多大程度"来描述这个问题，我们可以为这个问题设定更清晰的界限。这些界限将帮助我们完成以下步骤：

- 帮助我们分离差异。
- 提供一个"试验台"，以消除在测试步骤中的可能原因。

第三步：分析情况

一位团队成员说："这个特定的部分肯定有所不同。"另一位团队成员说："是的，或者过程中有些东西发生了改变。"差异和变化的概念被直观地理解为问题解决流程的一部分。分析步骤的目的是快速分离差异和变化。

分析步骤的第一部分是将问题所在区域和非问题所在区域进行比较，或者换句话说，究竟是"是"还是"不是"。我们可以比较相似之处，也可以比较不同之处。在寻找更多新的信息时，经验表明，比较差异之处会更有帮助。特别需要注意的是，我们要审查我们的问题描述，寻找那些信息里存在明显差异的领域。

第二部分是检查差异，确定已发生的变化。寻找原因必须以这些变化为中心。如果没有发生任何变化，我们就不会有问题。为了缩小对相关变化的搜索范围，我们应该将搜索范围限制在问题所在区域和非问题所在区域的变化差异范围内。原因是，无差异的任何变化都会对问题所在区域和非问题所在区域产生同等的影响，因此我们不能直接将其与问题挂钩。我们需要回答以下问题："这些差异中的每个都发生了什么变化？"记录变化的日期或时间也是很有帮助的，因为我们可以将问题的开始与发生的特定变化联系起来。

第四步：假设原因

到了真的需要我们戴上思维帽的时候了。到目前为止，我们一直在处理事实类信息。现在，我们需要检查差异和变化以提出问题的假设（也称为可能原因）。

通过对偏差的分析，我们现在可以提出一些假设。假设是根据问题解决团队的经验和专业知识对变化和差异的分析的综合。

必须强调的是，假设与变化不同。仅仅说"问题的一个可能原因是中间换了一个经理人"是不够的。目的是要在差异和/或变化与我们观察到的问题效应之间建立联系。假设必须解释差异/变化是如何导致问题发生的。在这个阶段，我们列出所有合理的假设。重点是，假设是建设性的，并能充分利用我们的经验和专长。

第五步：测试假设

这是我们在问题描述步骤中付出努力后带来巨大回报的时刻。通过演绎逻辑的过程，我们检验了我们所识别的每个可能原因，并根据问题描述来测试每个可能原因。

为了能消除那些与问题无关的因素，我们通过问题描述筛选每个可能原因。如果一个可能原因不能解释问题描述的正反两面，那么它不可能是真正的原因。如果我们加上某些假设（"只有"），一些可能原因或许能被解释明白。在这种情况下，我们应留意这些假设。

测试技巧如下：

- 通过测试台（描述）测试每个可能原因，尤其是对比强烈的区域。
- 注意你所构建的所有假设（"只有"）须支持你的猜想。

最可能的原因是最能解释问题描述的，又或者是假设最少的。为了百分之百确定，我们现在必须测试我们的假设，这应该是比较快速和廉价的。

如果假设被证明是正确的，那么我们就找到了问题的根源，可以准备采取措施了。

第六步：采取措施

为了解决问题，我们可以采取三种不同类型的措施。

适应性措施。我们决定接受问题或让自己去适应问题。适应性措施旨在降低问题的影响。

临时性措施。当我们找出问题的原因时，临时性措施可以用来为我们争取时间。临时性措施旨在降低问题的影响。

纠正性措施。这是唯一一个旨在消除问题的措施。其目的是消除问题的根源。

为便于理解这三种措施，举个简单的例子：屋顶漏水了。适应性措施是用一个桶接水，避免雨水浸漫屋内。临时性措施是屋顶补漏，

可以短时间解决问题；纠正性措施要求房子大修，甚至翻新，目的是
彻底解决问题。

屋顶漏水可以采取的措施如图 10.1 所示。

图 10.1　屋顶漏水可以采取的措施

从理论上讲，纠正性措施是最好的方式，公平地说，我们应该尽
可能地寻找并实施纠正性措施。然而，因为一些正当的理由，纠正性
措施有可能实施不了。

在形势紧张时，我们可能被迫采取临时性措施，同时进行全面的
调查。例如，一家银行的 ATM 网络出现了故障。在这种情况下，当
数以百万计的用户感到不方便时，银行必须采取临时性措施让系统重
新启动并恢复正常运行。我们要避免不进行全面的调查，而寄希望于
让这种"创可贴"式的解决方案永久有效！

如果采取纠正性措施的代价超过了问题本身的成本，那么采取适
应性措施可能是恰当的。在这种情况下，就没有必要采取纠正性措施
了。举一个简单的例子，地毯上有一块很难去除的污渍。与其换掉整
块地毯，我们不如选择用一块小垫子将其遮盖。

流程三：决策分析

现在，让我们暂时把自己放在当下。

在我们探索过去找出问题的原因之后，接下来就要选择适当的行动方案来解决这个问题了。选择的下一步就是决策分析。此流程的总体目标是在多个可选方案中选择最好的一个。

决策分析有助于解决以下难题：

- 面对太多的选择，并且许多选择属于不同类别。
- 未能分析与备选方案相关的不利因素。
- 倾向于选择与历史先例或"特殊人物"相关的方案。

决策分析包括以下 5 步。

第一步：决策目标

我们应该牢记决策目标需要包含 3 个要素。第一个要素是目的，即决策想达成的最终结果是什么。第二个要素是加修饰语，即在决策描述中插入一个词来限制我们可以使用的备选方案的范围，这些词被称为修饰语。没有这些修饰语的话，备选方案的范围会变得很大。第三个要素是要明确选择什么，即选择的对象。为更好地理解决策目标的正确描述，大家可以通过回答以下三个问题厘清思路：

1. 我的决策目的是什么？（确保决策方向正确）

2. 我的选择范围是什么？（修饰语：起说明和界定作用的修饰成分）

3. 我要选择什么决策？（一个决策=一个动词+一个决策对象）

一个明确的决策一定包含一个动词和一个决策对象，如"我要买房子"，"买"是动词，"房子"是决策对象。再如"招聘财务总监"，"招聘"是动词，"财务总监"是决策对象。但这还不够，在决策对象前加个修辞语，在决策对象后加个目的。决策的"终点"便可快速找到。让我们一起看看以下的决策描述的例子。

描述一：我要买房子。

描述二：我要在上海买一套房子。

描述三：我要在上海买一套房子，给我父母居住。

显而易见，描述三的决策目标最清晰。在决策对象"房子"前加个"上海"和"一套"，明确了买房子的地点和数量；在后面加个"父母居住"，明确了买房子的目的是给父母，不是其他人，而且是居住，不是投资或其他用。再举个例子，假如你是公司的总经理，正在面试筛选一位财务总监的候选人，摆在你面前的决策是招聘财务总监。让我们看看以下哪种描述更清晰？

描述一：招聘财务总监。

描述二：给地产部招聘一位财务总监。

描述三：给地产部招聘一位财务总监，填补空缺。

决策目标清晰确保决策正确，如果决策目标不清晰或出现偏差，将导致后面一系列决策行为无效。就像在足球场上，你拼命地踢球、传球，但踢错了球门。再如"招聘财务总监"的例子，为"填补空缺"招聘财务总监和为"替换原来职位"招聘财务总监的要求是不一样的。同样，如果把地产部改为"物业部"，筛选标准也会不同。当然，我们不是在玩文字游戏，决策的重点不在于描述，而在于我们的大脑是否清晰。当一个决策出现时，不妨回答以上 3 个问题。

明确决策目标让决策不至于"大海捞针"，能够提升决策的速度和精准度。

第二步：筛选标准

决策分析的第二步是建立选择最佳方案的标准。这个步骤容易让人陷入两难。为了建立科学有效的筛选标准，我们必须了解所做决策背后的原理，从"资源"和"结果"两个维度去厘清筛选的条件，下面 4 个问题可以帮助你。

问题一：我们想达成的结果是什么？

问题二：我们想避免的结果是什么？

问题三：有哪些资源我们可以利用？

问题四：我们缺乏哪些资源？

这些问题确保我们覆盖了所有条件的基础。通常我们只思考想要什么，而忽略那些我们不想要的。

一旦有了选择标准的清单，我们就要对其进行审查，敲定那些对我们最终实现决策成功必不可少的标准。我们将这些筛选标准分为两组，一组是必备条件，另一组是补充条件。必备条件是所有备选方案都必须满足的条件。

必备条件的设置要达到：最低要求，不可妥协，符合现实和能够衡量。补充条件的设置要达到：最好能满足，使用比较性语言，包含对"必备条件"的引申和补充，以及相对权重。

第三步：方案比较

决策分析流程的下一步是方案比较。我们必须通过第二步的筛选标准来选出备选方案，并淘汰那些不符合标准的方案。因为我们已经将标准分为必备条件和补充条件，所以第一个过滤器就是必备条件筛选器。

由于我们已经对必备条件设置了特定的限制，因此我们需要收集有关每个备选方案的信息，以查看其是否符合要求。通过将每种备选方案的可用信息与必备条件进行比较，我们可以做出是否予以通过的决定。"通过"意味着备选方案满足了我们之前确定的不可妥协的限制，而"不予通过"则相反。必备条件筛选器的目的是要快速排除那些违反我们认为不可妥协条件的备选方案，从而减少备选方案的数量。

接下来是将剩余的备选方案与补充条件进行比较。同样，我们需要获取关于备选方案的信息，并查看备选方案是否满足补充条件。然后，我们需要判断并评估这些信息，针对每个补充条件，对每个备选方案的综合情况进行评分。我们依据得分情况做出判断，首先给补充条件的重要性进行排序，并根据其重要性设定一个分数（如最重要设

10 分，最不重要设 1 分)。每个备选方案对照每个补充条件一一打分，最后用加权平均法得出最终分数，选出最佳方案。

在方案比较步骤中，我们使用必备条件排除了不合适的方案，使用补充条件比较剩下的方案，并使最佳方案逐渐浮出水面。到目前为止，我们已把选择范围缩小到在两个或三个方案中进行最佳方案筛选。

第四步：风险评估

决策分析过程的下一步是风险评估。考虑到每个选择或行动方案都会带来一定的风险，因此，在对备选方案的分析中，评估每个备选方案的风险是非常重要的。方法很简单。我们针对每个选择都要问"如果采用这个选择或方案，我们会面临什么风险"，然后将风险列出来。对剩下的每个备选方案我们依次如此操作。

由于不同的方案会带来不同的风险，因此每个方案的风险都是不同的，而且风险的程度也是不同的。首先，看看风险发生的概率。我们使用高、中、低的描述或 1 到 10 的量表检查每种风险并评估其发生的可能性。其次，确定风险发生时的严重程度。如果发生这种风险，会对我们产生什么样的影响？使用相同的量表，我们就可以评估每种风险发生的严重程度。

第五步：最佳选择

决策分析的最后一步是做出最佳选择。这需要我们审查那些发生概率大和严重程度高的风险。如果我们不愿意承担高风险，那么我们将选择低风险的备选方案。最佳选择是在我们愿意接受的风险的条件下，筛选出符合标准的最佳或相对比较合适的方案。

流程四：潜在问题分析

现在让我们把自己置于未来。显然，我们希望未来能够成功。这就是为什么我们需要进行潜在问题分析。潜在问题分析的作用是执行我们在上一步中做出的决策，或者执行由管理层做出的决策。

潜在问题分析的中心信条可以用一句至理名言来概括"防范胜于补救"。令人遗憾的是，大家都忙于救火，并没有时间去防范！不良思维的恶性循环如图 10.2 所示。潜在问题分析是突破这种恶性循环的好方法。

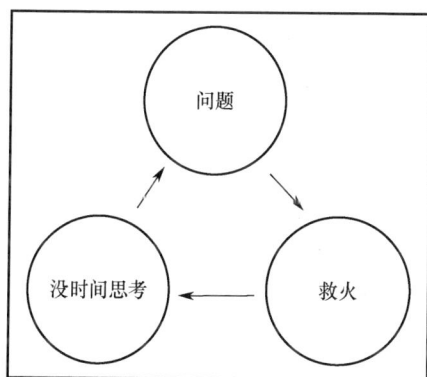

图 10.2　不良思维的恶性循环

第一步：明确成功的定义

潜在问题分析的原则是帮助我们成功实施既定的行动方案。让我们从明确成功的定义开始。

尽管成功的定义有时已经很明显了，但我们还是想提前知道成功会是什么"样子"的——有效的成功定义需要符合 SMART 原则：具体（Specific）、可衡量（Measurable）、被认可并有据可查（Agreed and Documented）、切合实际（Realistic）及有时间限定（Time-Bound）。

当今，仅仅做到"SMART"还不够！我们需要"SMARTER"，其中，"E"代表最终结果（End Outcome）而不是中间步骤，"R"代表相关性（Relevant）（如果不相关，就不需要费心去做了）。

第二步：制订计划

下一步是制订计划，并按时间顺序列出步骤，包括谁对每个步骤负责，以及何时完成。请注意，责任人不能是一个团体或部门，而是具体的某个人，如张三或李四。这个人不一定是单独工作的，可能会由其他人或团队为他提供支持。不管如何，责任人是监督进程并确保任务最终完成的综合领导者。

第三步：确定高风险区域

这一步非常重要，它是确保计划成功的关键步骤。

我们通过检查计划的关键领域是否存在潜在问题来确定高风险区域。以下是一些不太明显的高风险区域：

- 以前从未经历过的步骤。
- 权限重叠的步骤。
- 需要之前从未合作过的团队或个人的协作才能成功的步骤。
- 特别紧张的时间表上的步骤。

随后我们通过观察每个潜在问题发生的概率和严重程度来确定风险的大小。

第四步：制定预防措施

接下来是制定预防措施。我们可以针对潜在问题制定相应的预防措施。我们试图预测每个潜在问题的可能原因及每个问题发生的可能性。预防措施可降低问题发生的可能性，并在问题发生之前采取措施。换言之，我们的目标是确定我们可以采取的具体措施，以防止潜在风险的发生。所以说，预防措施并不是针对已发生的问题。

如果一个潜在的问题存在许多可能的原因，我们必须针对每个原因制定预防措施。

第五步：制定补救措施

如果预防措施失败，潜在的问题已经出现，那么我们就需要采取行动，保护我们免受问题严重后果的影响。我们称为补救措施，因为补救措施在问题发生之后才起作用。

有时，我们为预防潜在问题尽了最大努力但仍没有奏效，或者在极少数情况下根本不可能采取预防措施。

此时，我们需要制定补救措施，尽量减少问题发生后造成的负面影响。也就是说，与降低潜在问题发生概率的预防措施不同，补救措施可以在问题确实发生时将问题的严重性降到最低。

尽管"反应迅速"被视为一种能力，但这并不是不提前制定应急措施的借口。不过，我们确实需要一个触发器，指示我们何时需要马上采取行动。

但是，在现实中，很多人误把提前制定的任何措施都称为"预防措施"，例如，买人身保险或财险。买保险本身不能降低潜在风险发生的概率，只会减少风险发生后的损失。所以很多人制定的许多"预防措施"其实都是"补救措施"。这是需要特别注意的。

第六步：修改计划

潜在问题分析的最后一步是在我们原有的计划中插入最佳的预防措施和补救措施来进行调整。这些措施应将潜在风险降低到可接受的水平。修改后的计划实施起来要比原始计划成功的概率更高。

流程五：创新

领导者为了解决运营问题，会碰到以下情境，如：

- 仅有一套备选方案是不够的。
- 团队正在努力将威胁转化为机会。
- 问题情境中的原因没有得到充分描述。
- 我们希望针对那些明显不可控制的风险制定"不一般"的预防措施。

在这些情境下，领导者需要开发一些更新、更有创意的想法。遗憾的是，发挥创造力面临很多障碍。创新流程的目的就是帮助我们克服这些障碍。

市面上不乏关于创造力障碍这一主题的著作。一些主要的研究发现的结果表明，大脑分为两个部分：左脑和右脑。左脑是分析性的、逻辑性的、理性的，而右脑是直觉的、艺术性的、创意的。大多数成年人左脑占优势。也就是说，我们的逻辑思维过程支配着创造性思维过程，而这通常是潜意识的。你或许已经领教过左脑跟你说的话，"这个想法永远行不通"，或者"约翰太疯狂了"，或者"这些数字站不住脚"。

有很多原因导致成年人左脑占主导地位。由于找不到更好的字眼来描绘，成年人就会找很多"理由"。经验告诉我们，事情很多时候并不总是顺利的，这会使人产生一种"对失败的恐惧"或一套我们应该遵循的"规则"。此外，教育，乃至整个社会，都在不断加强左脑思维。法律、道德、社会礼仪都是以左脑为主导的。

为了克服这些障碍，并将随后产生的想法转化为行动，我们需要知道创新流程的 5 个步骤。

第一步：准备

你是否曾在短时间内被召集到某个"头脑风暴"会议上，但整件事情很快就停滞了？这样并没有增强你在创造力方面的信心，对吗？

准备这一步需要领导者做到：

- 明确我们的创新方向。
- 创建有助于创新的物理空间。
- 营造恰当的情感环境。
- 让合适的人参与进来。
- 提前给大家做些适当的右脑预热活动。

第二步：生成

生成这一步骤因涉及各种不同的思维，故需遵循"只求数量，不求质量"的原则，正如挖掘钻石一样，需要挖出大量的泥土才能发现钻石。

最著名的生成创意技巧便是头脑风暴。它最早由广告界高管亚历克斯·奥斯本（Alex Osborn）在 1942 年开发出来。实施得好的话，头脑风暴是很有效的，但大多数领导者不知道如何进行有效的头脑风暴会议。我们建议领导者明确每个人在会议中的角色，将各种想法生成的时间限制在 20 分钟左右，并给这些想法设定弹性目标。

很多时候，即使做了最充分的准备，头脑风暴也可能不会产生预期的效果。"老掉牙"的想法可能还会出现。"灵感导火线"或者可用来解决这个问题。

"灵感导火线"背后的原理是，通过改变情境，帮助消除障碍，从而使更多的想法浮出水面。在这样做的过程中，"灵感导火线"的使用往往会产生较少的想法，但这些想法会更具体且"新鲜"。

迪必艾顾问经常使用 6 种"灵感导火线"：

- 任意选词法。利用与创新主题无关的词的联想。
- 角色或目标转换法。提出与主题相关的"如果"问题。
- 逆向思维法。从多视角看创新主题。
- 置之死地法。故意"切断退路"，看看"面临绝境"能激发什么。
- 力量对比法。分解创新主题并确定高影响区域。

- 构筑梦想法。想象一个理想的场景，然后想办法让这个场景成为现实。

能否恰当地使用"灵感导火线"将决定"生成"步骤的成败。

第三步：合成

合成步骤是在左脑放松的情况下，将产生的粗略想法转化为实际可行的概念。

首先，浏览新想法清单并删除所有重复项。其次，在可能的情况下，将不道德的、社会不可接受或不切实际的想法提炼成可行的概念。例如，虽然让英国女王出席产品发布会可能是不现实的，但让一个长相与女王相似的人出席是有可能的。当然，那些无法进行适当改进的想法会被舍弃。最后，将想法进行归纳，同一类想法放在一起，或者在可能的情况下，将想法联系起来，从而开发出一些"超级备选概念"，这些概念比在前面步骤中生成的任何想法都要丰富。

第四步：验证

在合成步骤之后，我们会获得一定数量的可行概念。现在我们面临的问题是选择实施哪个想法。这里需要用到决策分析技巧。

第五步：实施

一旦决定了要实施哪个想法，我们就必须顺利完成。此时潜在问题分析流程是极其有用的。

总结

情境管理流程帮助领导者和团队以高效并与战略一致的方式管理日常事务。

你可能经常看到这样一幕：来自不同部门的领导者坐在一起，如财务部、IT 部、销售部、人力资源部、生产部等，当他们参与解决公司某个棘手问题，或者做出某项重大决策，如绩效考核方案，或者执行某个计划时，每个部门在问题面前尽量避免成为问题的责任人，在决策情境里尽量选择对本部门有利的方案，在实施某计划时尽量避免本部门处于责任的高风险区。实践告诉我们，这时如果大家在情境管理的框架下回答流程问题，则避免了许多"私心"，增强了对彼此的理解，加快了决策的进度，并且拥有了更强的团队承诺。如果你是一位首席执行官，有这样的一个情境管理的导航仪，你就不用伤脑筋去平衡各部门的利益，也不用费力说服团队应该承担的责任。它就像一个自动驾驶的导航仪，引导团队自动做出决策，只要你把战略目标定位好，并营造开放的创新氛围。

我们将在后面的章节中更详细地讨论实施这一主题。

11 / 提高组织的情境管理指数

在接下来的内容中我们将更详细地向大家展示，实施情境管理等流程的最佳方法是将核心流程全面引入并形成内部共同语言。也就是说，我们期望的结果是流程成为变革文化的一部分，而不只是"学习"。

成功实施情境管理流程

考虑到这一点，在组织中成功实施情境管理流程需要 4 个关键步骤：

第一步：管理层参与、承诺和承担责任。

第二步：大量员工在同类型工作组中学习并应用这些流程。

第三步：在真实情境中持续应用实践。

第四步：帮助员工养成习惯，最好是通过训练有素的"内部顾问"。

第一步是显而易见的：管理层不仅要为变革负责，还必须实践他们所宣扬的口号。如果他们不能亲自参与流程的实施和应用，那么较低级别的员工将得出这样的结论：这个流程是没有意义的。

第二步也是基于常识基础上的。如果缺乏大量的应用，那么这些新流程和它们所基于的语言就会因为没有足够的人使用而慢慢消失殆尽。如果语言仅限于"少数人"使用，那么使用者将发现无法与同事通过"语言"进行交流，并会恢复到旧有的工作和沟通方式中去。此外，学习这些概念应该在工作性质相同的团队内开展，这样他们会因面临的实际问题相似而容易达成共识。只有将新概念应用到实际问题中去，才能让员工立即认识到概念应用的好处，而这种技能的培养将生成动力，支持概念持续地应用下去。

第三步就是在第二步取得的成功的基础上再接再厉。简单而有效的一句话是"成功造就成功"。

第四步中很明显的事实是，新技能不是一朝一夕就能掌握的。就好比在教练的陪同下进行练习更容易成功一样，教练可以引导、鼓励并立即纠正错误。学习新的思维流程也需要一个流程引导师，他能帮助学习者避免回到旧有的工作和沟通方式中去，并在不良习惯变得根深蒂固之前进行纠正。

当然，为了确保方向正确，我们还需处理许多细微差别。其中一个细微差别就是"能力差异"。因为没有人会要求首席执行官具备与生产经理完全相同的技能。而共同的框架、语言和流程是根据不同的层级，通过不同的重点能力、背景和具体应用来区分的（见图11.1）。

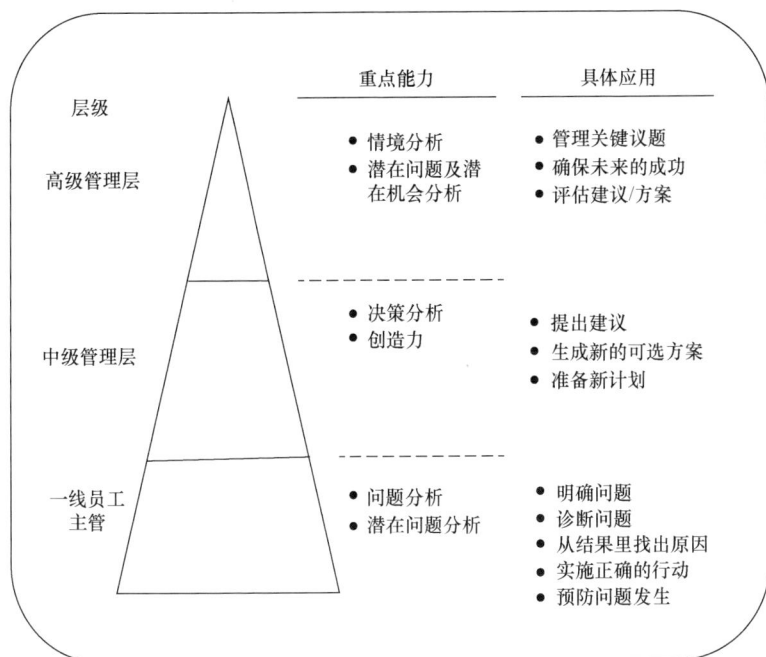

	重点能力	具体应用
层级		
高级管理层	• 情境分析 • 潜在问题及潜在机会分析	• 管理关键议题 • 确保未来的成功 • 评估建议/方案
中级管理层	• 决策分析 • 创造力	• 提出建议 • 生成新的可选方案 • 准备新计划
一线员工 主管	• 问题分析 • 潜在问题分析	• 明确问题 • 诊断问题 • 从结果里找出原因 • 实施正确的行动 • 预防问题发生

图 11.1 能力差异：不同管理层级的重点能力及具体要求

"能力差异"还具有另一项重要功能，即确保时间和投资与管理水平相匹配。

总之，实施项目的过程中还需要包含一位独立顾问，充当最初的催化剂，并帮助指导客户成为流程的负责人。

情境管理就如战略层级下达

在我们执行的所有战略任务中，都会出现以下类似关键问题中的一种或几种：

- 变革型领导力。
- 文化变革。
- 战略统一。

无论使用什么语言，共同目的都是在组织里将战略下达到各层级，以期望新的要求在各个层级中得以落实。"市政厅会议"，包括时髦的、激动人心的演讲，是试图实现这一目标的一种常见但最难起效的方式，这些活动仍旧依赖于员工参与度和学习方法。

大多数参与者，由于各种各样的理由（从无聊到生病没能看到网络直播）不能对宣讲内容"理解到位"。而那些真正明白的参与者也面临着同样迫切的问题：我现在知道"是什么"了，但我是否具备"如何去做"的能力呢？

"市政厅会议"的方法类似于教练对运动员说"你要跑得更快"，却没有传达跑得快所需的技能（例如，抬高膝盖，或者使用不同的呼吸方式等）。当然，大多数教练不会这样对待他们的运动员，但管理层会一次又一次地如此对待他们的团队。

由于情境管理流程基本上是"如何去做"的工具，我们的许多客户采用了一种更有效的方法。他们围绕情境管理框架构建了战略变革计划。其中，一位客户设计了战略参与计划，名为"通过情境管理实现变革"。该计划包括以下 4 个阶段的研讨会。

阶段一：与工作性质相同的小组举行为期半天的研讨会，讨论战略实施的前提条件，并将其转化为小组成员可理解、可接受的操作性语言，如审查招聘流程。参与者需要回答这样一个问题："我们现在需要做些什么呢？"组织由此可敲定一个合适的变革项目。

阶段二：举行为期两天或三天的研讨会，学习情境管理流程，并将其应用于变革项目中，从而产生第一手的建设性提议。

阶段三：在团队完善变革项目过程给予一段时间的辅导，以顺利度过过渡期。

阶段四：通过演示，清晰而简洁地向管理层阐述有关建议的逻辑路径，以寻求他们"批准通过"的决定。

应用情境管理流程，最终会产生两种成果：

1. 战略被转化为可操作性语言，在整个组织内层层下达。

2. 员工经过培养，具备执行战略的决策能力。

总结

将诸如情境管理这样的批判性思维流程落实到组织中作为"培训活动"来对待，是不全面的。如第 12 章所述，培训往往被管理层或员工视为一种必要的"负担"。培训课程持续 3~4 天，以彻底检查某主题是否严格按照新技能进行操作，这样的日子一去不复返了。现在更为典型的培训心态是"在最短的时间内怎样做到这点"及"哪种培训成本最低"。隐藏在这些心态中的潜在观念是"投入培训的时间并没有产生什么价值"。

在过去的 35 年里，我们一直践行我们的信念，致力于推动实操性强、切实可行、工作导向的研讨会。如上文所述，在适当引导下，我们客户的员工并没有远离生产性工作，而是通过更有针对性和更容易的方式来处理实际问题，以提高工作效率。

流程

领导力

12/自我掌握

任何流程在实施之前，必须首先由建议实施流程的人员掌握。

当我们请一组高管说出他们最敬佩的领导者的名字时，尽管这些高管身处世界的不同位置，但他们给出的名单中很多时候都包括以下全部或部分名字：

- 史蒂夫·乔布斯（美洲）
- 何晶（亚洲）
- 迈克尔·奥利里（欧洲）
- 托尼·费尔南德斯（亚洲）
- 格雷厄姆·麦凯（非洲）
- 理查德·布兰森（欧洲）
- 沃伦·巴菲特（美洲）
- 纳尔逊·曼德拉（非洲）
- 杰里特·费里拉、劳里·迪皮纳尔和保罗·哈里斯（非洲）
- 奥普拉·温弗里（美洲）

不论是好是坏，我们今天生活在一个首席执行官名人时代，以至于很多人猜测苹果公司在后乔布斯时代的命运。毕竟，有人会说"乔布斯就是苹果公司"。时间会告诉我们苹果公司的后续，不过我们觉得新任首席执行官库克会做得很好。

虽然许多人可能认为这些名人拥有的超人般的能量，使他们成为如此著名的领导者，但迪必艾认为，这些人只是掌握了我们在本书中描述的流程，并成功地将其融入了整个组织。

任何一项技能的自我掌握都是将其传授给他人的先决条件。自我掌握需要有意识地应用该技能并使其可见。但说到批判性思维领域，这又似乎有些怪异。成为思想家是人类心灵的本性。这就是我们人类的典型反应。当然，这是真的。仔细观察一个孩子，在任何年龄段，我们都能发现他们内在的那位思想家。因此，问题不在于我们是否能思考，而在于我们是否能批判性地、有意识地思考。

如果这一切听起来有点深奥，那我们一起来看一个更为贴切的类比。地球上的每个人都能呼吸。每对父母都知道，孩子的第一次呼吸意味着新生命的顺利诞生。换句话说，我们生来就具有呼吸能力，在潜意识层面，这对大多数人来说是完全足够的。

然而，在某些职业中，只具备这种与生俱来的呼吸能力是不够的，如唱歌、运动、音乐（管乐器）、武术、专业演讲和瑜伽。那些靠这些职业为生的人采取了更切实可行的方法来研究呼吸的艺术及其基本原理，来帮助他们取得出类拔萃的成绩。迈克尔·菲尔普斯（Michael Phelps）在 2008 年奥运会上赢得了 8 枚金牌，但鲜有人记得他的第 7 枚金牌是以 0.01 秒的极小优势获胜的。对他而言，成为载入史册的奥林匹克运动员和失败（击败运动员斯皮茨）之间的区别，可以归结为一个指甲的长度。毫无疑问，人们认为他微调呼吸的能力是他成功的重要因素。对于菲尔普斯这样的人来说，与生俱来的呼吸能力是不够的。由此我们学到，任何人都可以选择控制自己的呼吸，学习特定的呼吸技巧，但很少有人会费心去钻研。

我们认为，批判性思维犹如领导者的"呼吸"。是的，每个人都能思考，但我们与生俱来的思维水平还不够。高管要想成为诸如之前列出的名单里的伟大领导者，要想手头的工作得心应手，那就必须采取措施进行思维艺术和思维科学的学习，并有意识地掌握和应用特定的思维技巧（我们称为流程）。

当以下情况发生时，自我掌握作为一种能力将会出现。

当提出一个观点时，领导者能够：

- 解释其基本原理并提供基础数据。
- 鼓励他人质疑/验证其观点。
- 鼓励其他人提出不同的观点。（例如："你是有不同的数据还是有不同的结论，抑或两者都有？"）

当询问别人的观点时，领导者能够：

- 通过提出正确的问题，积极寻求理解对方的观点。
- 探索不同于其他人的观点。

- 揭示这一观点背后的思路或"逻辑流"。

在扩大了影响范围之后，领导者能够：

- 成为身边的人的教练，使他们拥有相同的意识层面。
- 为鼓励全体员工进行批判性思维创建系统和程序。

我们在最后两章将依次讨论以上两个主题。

13/领导者应成为批判性思维教练

生意就是做决策！每天，成百上千个决策直接影响公司的财务业绩，以及实现首席执行官所期望的未来"远景目标"的能力。简而言之，任何组织的成功与失败都取决于每天、每周和每月所制定及执行的数千个决策的质量。

正如所观察到的那样，未来得以获胜的将是那些能够让竞争对手出其不意的组织。这不能只依赖高层管理人员的重视，还需要领导者采取行动成为一名真正的教练。正所谓"授人以鱼不如授人以渔"。

很多决策都需要领导者签字给予批准。在这样的职业能力要求下，领导者需要评估这些建议，或者影响做出决策的方式。更为关键的是，在这样的职业能力要求下，领导者必须成为组织里的批判性思维教练。

然而，在组织中，绝大多数决策只是要求领导者有限参与或根本不用参与。明确一点说，领导者对整个组织决策文化的影响必须超越其直接参与的范围。因此，领导者需采取措施设定基调，并创建组织所期望的决策文化。这点我们将在第 14 章中进行介绍。

批判性思维教练

成为批判性思维教练的首要前提是领导者要成为一名流程和系统思想家。他们必须有意识地觉察到自己和其他人所遵循的思维流程。然而，许多领导者无法做到这点，因为他们的思维常处于潜意识水平，并将自己的决策能力归因于"内在感觉"或"直觉"。很遗憾，一般来说，我们并不能将自己的内在感觉或直觉传递给他人。

要想成为一名高效的批判性思维教练，那就必须掌握本书讲述的3个已得到验证且清晰明了的批判性思维流程技巧。只有掌握了这些技巧，领导者才能挖掘出我们内在的动机、自信、自尊，以及我们每个人天生的求知欲和学习乐趣。领导者利用组织成员的集体智慧的能力将最终击败其竞争敌手。

成为一名高效的批判性思维教练需具备两个要素：

- 意识到困难所在，并能顺利解决。
- 训练适当的提问技巧，并利用这些技巧提出正确的问题来评估和指导他人。

批判性思维的难点

人类或许认为自己是地球上最聪明的生物，但这并不意味着我们被默认为地球上最有权威的决策者。对于人类大脑本能来说，像 20

世纪 80 年代的质量运动（特指制造业）是不可能出现的。为什么呢？因为人类大脑不是为理性而设计的。例如，从鲁莽的驾驶行为到赌博，从疑点重重的并购案到有缺陷的政府政策，我们每天都在人们看似理性且高度智能化的日常生活中观察到各种非理性行为。也许我们人类觉得自己太聪明了。

更有可能的是，我们的大脑虽然很不错，但它并不完美，我们会屈服于一些常见的陷阱，阻碍有效的批判性思维。

作为批判性思维教练，真正的领导者必须具备发现这些陷阱的能力，在必要时介入并将防范这些陷阱的方法固定下来，形成制度。详尽的案例无法在这里一一列举出来，因此我们仅在此展现几个常见的陷阱案例，并详细说明批判性思维流程是如何帮助我们防范这些陷阱的。

认知偏差

认知偏差倾向于支持个人信念或观点的判断。彼得·沃森（Peter Watson，英国思想史学者）在 20 世纪 60 年代的研究表明，解决问题的切实方法是确认现有的"信念"，从而限制决策情境中需要考虑的过多选项。人们总是表现出认识偏差，如"驾驶速度越快，死亡率越高"。

在与客户的交流中，我们发现认知偏差在很多情况下都很明显，它时常出现在我们的周围，例如，"决定是否应该将苏珊·布朗晋升到团队负责人的职位上"或"确认吉姆是不是造成销售部门员工士气低落的原因"。

第一个例子是单选决策（只有是/否选项）。有许多人反对这种形式，即在制定一项决策时，考虑的余地太狭小，仅能提供一种选择。我们主要的防御措施是提高决策水平，如重新定义决策目标为"选择最佳团队领导者"，这样，苏珊·布朗显然只是其中的一个选择。

第二个例子是用预先设计好的原因来构建问题。可怜的吉姆！这里应用的第一个批判性思维技巧是澄清。例如，"士气低落"到底是什么意思？西海岸销售团队的人员流失率高吗？如果是这样，问题陈述应该细化为"找出西海岸销售团队人员流失率高的原因"。

下结论是人类的自然行为，但它绝不是批判性思维。请指导你的员工避免依据"内在感觉"和认知偏差行事！

路径依赖

超过一定年龄的人都知道，QWERTY 键盘[1]的排序是根据字母分布的需要，这样原始的机械打字机的手臂就不会相互碰撞在一起扰乱打字的进程。进入 II 时代，QWERTY 键盘的布局得到了扩展，包括一系列熟悉的"功能键"。于是，标准的计算机键盘诞生了。当然，这种设计的基本原理早已过时。然而，在苹果电脑问世之前，标准键盘一直在业界盛行。

按需设计的 QWERTY 键盘投入使用了很长时间，这就是路径依赖的一个典型例子——我们沿用某种方式做事，因为"事情一直就是这样的"。当然，苹果从来没有抛弃 QWERTY 键盘的核心布局，但它确实对键盘设计做了一些微妙的改变，现在很多人也复制了这

---

1 QWERTY 键盘又称柯蒂键盘、全键盘，是目前使用最为广泛的键盘布局方式。——译者注

些改变，包括删除功能键并在键之间添加了一些"可用空间"。随着 iPad 的问世，苹果植根于这一原则并往前又推进了一步，引入了上下文关联键盘。例如，"@"字符不是 iPad 键盘的常用字符，而是打开电子邮件应用程序后神奇弹出的友好字符。

在战略思维流程中，要求参与者回答以下问题：

- 行业沙盘中当前的规则是什么？
- 哪些规则在将来仍然有效？
- 哪些规则已经过时了，或者已经很久没有被提及了？

在指导一家新加坡企业制定一项设施管理业务新战略时，我们就向其提出了类似的问题。在该行业的"游戏规则"中，逐年降低收费是很常见的。通过我们对其进行战略流程辅导，客户创建了全新的服务概念——全面资产管理，重点是使设施收益最大化。就此，客户成功地跳出了持续降低费用的旧规则。

领导者的责任是创建流程和激发员工思考，以确保任务不会以"一直以来就是这样做的"的方式完成。

框架偏差

我们的顾问总是喜欢与各层级的员工进行一个短小、简单，但有效的练习，即向员工展示一片枫叶的图片，并提出"这是什么"的问题。不出所料，"这是一片枫叶"是最常见的回答！当顾问回应"太好了！这是什么"时，许多员工会露出困惑的表情："我们不是刚刚回答了那个问题吗？"沉默了一段时间后，人们通常会想出另一个答案，如"加拿大的国家象征"。"很好！这是什么？"顾问的回应依旧。

随后，各种各样的答案源源不断地来了：枫叶是食物、玩具、要完成的工作等，这取决于你是一条毛毛虫、一个孩子，还是一位道路清扫员。更多的答案仍在继续……

这个简单的练习表明，大多数人倾向于从他们最熟悉的角度来看待一个特定的话题或事物。这就是框架偏差。

如果一件事物能像枫叶那样简单，至少可以从 10 个不同的维度来描述它的话，那么我们今天面临的业务挑战也可以从多个角度来审视。我们的关键问题是"我们还能怎样看待这种情境"，经验丰富的顾问很善于提出类似的问题！

在引导创新时，我们经常看到可恶的框架偏差抬头。许多客户认为创新的目的是开发能够满足当前客户未来需求的产品或服务。这当然是界定创新目的的一种方式。然而，一个强有力的流程，如本书中所述，是可以从多个角度来探讨该主题的，包括：

- 基于当前客户未来需求的产品或服务。
- 基于未来客户未来需求的产品或服务。
- 可向其提供现有产品/服务的新客户类别。
- 商业模式创新。

团队

如今，在工作场所的团队合作项目越来越多，人们越来越重视团队的高效性。这就是我们通常说的良好的"团队合作"。

团队有团队会议，但团队会议可能非常无效。《印度时报》（*Times of India*）曾以一篇标题为"开会能够降低智商"的文章吸引了大众的眼球。文章引用了美国弗吉尼亚理工大学的研究，开头是这样说的：
"你多久参加一次现场的工作会议？一项新的研究可能让你相信，会
议会引起你的大脑死亡，削弱你独立思考的能力。"

团队面临的一个主要问题是缺乏共同的语言和流程。许多团队会
议都专注于确定关键词的含义，如什么是"战略"。团队需要花很长
时间去达成共识。一旦这样做，团队的辩论焦点就会转到定义战略而
不是切实执行战略。如果大家对战略一词的理解和定义已达成清晰的
共识，那就花更多的时间在"如何做"上。我们经常看到团队会议是
"鸭"和"鸡"的对话。

另一个团队现象是群体思维，这个词最早是由威廉·怀特
（William Whyte）在 1952 年首次提出的。在群体思维中，出于同伴
的压力，团队思维一般都趋向于所谓的"常规"。一些典型的群体思
维症状包括：

- 战无不胜的氛围导致过度乐观和激进冒险。（大家还记得次贷
  危机吗？）
- 压力下的顺从。
- 放弃与团队共识相反的观点。

领导者通过创建共同的语言和流程来消除多余的团队会议，并减
少群体思维的负面影响。

幸运的是，有了对这些陷阱的认识，并有意识地用经过验证的思
维流程武装起来，领导者就可以创建一种克服各种困难的批判性思维
文化了。

要克服这些困难，领导者必须学习并掌握提问的技巧。

提问的技巧

批判性思维领导者的核心特质是引导和提升他人的思考能力。由此，只有一种方法可以促使他人思考——问他们问题。

许多领导者认为他们应该知道所有的答案。我们并不同意这一观点！领导者的工作旨在培养发展他人，懂得问正确的问题，并鼓励员工找到答案。这是迪必艾咨询方法的核心原则。迪必艾顾问的其中一个角色就是提出更多具有挑战性的问题，让学员自己去找到答案。其实，这也是公司内部领导者的角色。

此外，领导者可能会遭遇这样的尴尬场景：你需要评估某个与你专业不同或做事风格不同的人的提案。这导致了一个常见的难题：你如何评价一个比你更了解某个话题的人的想法？我们的提问技巧（特别是有关流程问题）帮助领导者克服了这个非常现实的挑战。

当然，提问并不是随意或偶然发生的。问问题之前要弄清楚应该问什么问题，什么时候问，问谁。一个强有力的批判性思维流程将解决这些问题。对自己和他人提出正确问题的能力是批判性思维的核心。

我们一起来学习提问的技巧吧。

技巧一：问题的顺序

如果不先修墙，你就不可能把屋顶盖在房子上。问问题也是如此。

按逻辑顺序提问很重要。有一个叫 20 题的亲子游戏，其中一个人随机说出想到的任何物体，另一个人最多可以问 20 个是与否的问题，如果提问者能就此正确猜出此物体，则为胜方。

年幼的孩子一般会尝试直接猜答案，但他们很快就会意识到，更好的方法是先问一般性的问题，然后再深入到具体的问题。例如：

- 它是活的吗？不是。
- 它是由曾经活着的材料制成的吗？是。
- 它是木头做的吗？是。
- 它是一件家具吗？不是。
- 它是在运动时使用的吗？是。

显而易见的一点是，问问题的顺序很重要。在未确定可能的原因之前，询问人们会遇到的风险有什么意义吗？貌似没有意义。风险是针对每个行动方案的。在问题分析中，我们按照"什么""在哪里""何时""多少"的顺序提问。这并不是偶然的，而是一个逻辑顺序。首先，"什么"必须放在第一位，因为如果没有"什么"，其余的都无关紧要。同样的道理，先问"多少"再问"在哪里"显然不合适。

结构化和可视化的批判性思维流程可确保我们按逻辑顺序提问，而且这些问题都是基于人们在自己的思维流程中的理解总结出来的。

技巧二：问二元问题

二元问题是被提问者必须用两个预定答案中的一个来回答的问题，最常见的是"是"与"否"的问题。

正如 20 题的亲子游戏所示，二元问题在收集信息方面是非常无效的。事实上，这就是 20 题可以用作游戏的唯一原因所在！

与普遍的看法相反，这并不意味着二元问题是不好的。实际上，二元问题的优势在于它能应用于我们需要控制或寻求确认的情况。

二元问题在某些需要确认的情况下非常有用，并且可以有效地与释义结合使用以增强沟通。例如，"如果我的理解是正确的，那么你说你的新战略是设法从行业沙盘中消除竞争对手 B，这至关重要。是这样吗？"

当你想控制一段对话的时候，二元问题也是非常有效的——将对话引导到你想要的方向。因此，二元问题在律师行业中很受欢迎。"那么，你是你已故妻子遗嘱的唯一受益人，因而可以从谋杀中获益最多，是吗？"聪明的律师——至少是电影里的律师——从来不问他们不知道答案的问题，他们使用二元问题把被告人逼到一个无法逃脱的角落里。

在商业中巧妙地使用二元问题也很有效。众所周知，有些信用卡收取的交易费要比其他的高。然而，这样的信用卡仍然在使用，那是因为商家很多时候在顾客要求下不能加以拒绝。这些商家当然更希望他们的顾客使用交易费较低的信用卡。一个二元问题或许能帮到他们。他们可以这样问顾客："你想用维萨卡还是万事达卡付款？"相信很多买家会接受这个问题并给予选择，即使他们钱包里还有其他的信用卡。

尽管二元问题有积极的用途，但从批判性思维的角度来看，特别是在评估他人的决策方面，二元问题的用途还是有限的，领导者更喜欢问引导性问题。

技巧三：问引导性问题

引导性问题会影响接收者的思维，使其难以给出客观的答案。当回答这样一个问题时，你很难说出真实想法："所以在我看来，问题的起因是迈克，你认为呢，戴夫？"回答简单一点的问题会让人更舒服些："你觉得呢，戴夫？"

引导性问题通常在劝说情境中使用，有时会产生负面影响，尤其是在过早使用时。经典的场景诸如："你想在什么时间提货，星期四还是星期五？"对于一个经验丰富的买家来说，这可能是个非常令人讨厌的问题。

然而，在有效的批判性思维文化中，引导性问题的作用也是有限的。正如我们将要介绍的，适当使用流程性问题显然要好得多。

技巧四：问内容性问题

内容性问题寻求有关"事物"的真相。"事物"可以是汽车、员工、战略计划或新产品概念。这些问题使我们能够获得数据并检验其有效性。下面是一些例子：

- 这个多少钱？
- 它有多快？
- 什么时候可以准备好？
- 候选人的教育程度如何？

内容性问题有什么风险吗？事实上是有一些。首先，当想深入了解内容，以体现思维水准时，我们可能会陷入细节的泥潭中。例如，我们的注意力可能集中在"事物"上，而不是"事物"产生的结果或"事物"存在其他形式上。其次，我们不是某"事物"的专家。"事物"可能在一个我们经验很少或几乎没有经验的领域中出现，这种事情经常发生在高级领导岗位上，也就是说，向领导层汇报的员工在特定专业领域的知识可能比领导层要多得多。

根据我们对该领域的粗略了解，与技术或领域专家进行"战斗"是非常危险的。然而，"老板必须是最聪明的"这种心态常常会让领导者走上这条艰险之路。

我们需要的是能够成功应用的问题，不管它是什么"事物"。这些问题使我们能够验证向我们汇报的员工的批判性思维的质量。由此，我们来看看流程性问题。

技巧五：问流程性问题

与关于"事物"的内容性问题不同，流程性问题完全独立于"事物"。由于这种特质，加上它能够将他人的思维流程展现出来，流程性问题成为领导者宝库中不可多得的工具。

通过流程性问题，我们了解到"如何"而不是"什么"。事实上，我们可以通过评估他人在多大程度上运用他们的经验和专业知识来处理手头的信息，我们在完全不知道"什么"的情况下，仍可以对他人的判断给出自己的见解。

流程性问题帮助我们：

- 评估他人的建议，这是管理人员的主要活动之一，这并不是基于领导者拥有超越他人的专业知识，而是通过流程性问题测试他们的逻辑和理论基础。

- 巧妙引导员工进行适当的思考，指引他们进行更具批判性的思考，而不是简单粗暴地直接给出答案或将引导性问题扔给他们就算了。

可能有人会认为最终的流程性问题就是"你是如何得出这个结论的"。然而，这太笼统了，我们仍然无法从他人的想法里得出更深刻的见解。领导者需要评估决策的本质，然后按照正确的顺序提出一系列更具体的流程性问题。

每套批判性思维流程都有自己的一组流程性问题，每个问题都是为流程中的特定点而设计的。例如，决策分析的一些主要流程性问题是：

- 你是如何制定决策的选择标准的？
- 你考虑的备选方案与这些标准相比有什么不同？
- 你如何评估你的建议的风险，你打算如何管理这些风险？

不管决策所涉及的"事物"主题是什么，这三个简单而深刻的问题可以用来验证任何运营及日常决策。下一次当你需要评估一个在你舒适区以外的领域的建议时，你可以试试。

总结

领导者不是某领域或行业的专家，他们的工作是传达"正确"的现实观。领导者应该帮助组织中的每个人，包括他自己，从现实当中获得更具洞察力的见解。

这就需要他们将普遍存在的思维模式展现出来并加以挑战，进而培养更为系统的思维模式。

领导者能够真正发挥杠杆作用，很大程度上取决于通过恰当地使用问题，帮助人们获得更准确、更具洞察力和更具影响力的观点和视野。

最好的领导者还要更进一步，采取措施将必要的批判性思维流程落实到组织中去。这是我们第14章的主要内容。

14 / 领导者应成为流程管理者和实施者

高管往往对自己的岗位描述有一个有趣的误解，那就是围绕着他们自认为的"管理"内容而展开工作。在提供高管咨询服务过程中，我们经常问他们："作为管理者，你'管理'什么？"99%的高管回答："人。"

其实，不同的组织层级，其管理重点并非一样。基层员工管理事情，中层管理者管理人，高层管理者管理流程。

管理事情的人

这类人位于组织架构图的底部。他们是制造行业里的一线操作员、技工、管道装配工和电工等，或者白领或服务行业里的一线工作者，如行政人员、销售人员等。

这类人负责管理事情。他们的职责是把事情做好，把产品推向市场，为客户服务。一线操作员管理工具和生产机器。行政人员管理计算机和其他辅助提高工作效率的小型电子工具。他们都试图让这些器具处于良好的工作状态，以获得最佳的产量和生产率。对于需要管理的器具，他们要获得足够多的专业知识。

管理人的人

这类人位于组织架构图的腰部。他们通常是制造行业中的主管、领班，或者白领行业中的业务主管、部门经理，甚至总监。他们管理员工的职责表现，安排员工的工作时间和轮班，调整工作量，达成绩效目标，解决冲突，并确保他们在工作中感到快乐和满足。

这些中层管理者更关注人际关系、日程安排和后勤保障。他们还要评估员工的思维水平，为此要求他们能够扎实地使用流程性问题。

管理流程的人

这类人位于组织架构图的顶部。与人们普遍认为的观点相反，这些高层管理者一般不会从细微处管理员工。他们的职责是选对关键人才，通过好的机制（流程）用好人，所以，高层管理者负责甄选并实施流程、系统和/或方法，使组织中的人员能够按照组织的要求行事。他们是企业机制的制定者。

彼得·圣吉（Peter Senge）在他的《第五项修炼》(The Fifth Discipline）一书中用一艘远洋客轮的比喻来描述高层管理者的角色。根据圣吉的说法，大多数高层管理者认为他们的工作职责类似于船长。尽管船长的角色通常是最浪漫、最显眼的，但高层管理者的这一认知显然是有问题的！船长可能因"英勇牺牲"而受到尊敬，但没有多少高层管理者愿意像泰坦尼克号的史密斯船长那样"随船而亡"，也很少有高层管理者愿意像歌诗达协和号（Costa Concordia）[1]的谢蒂尼诺（Schettino）船长那样弃船逃跑。圣吉的比喻清楚地表明，这些高层管理者都忽略了一个叫船舶设计师的角色。设计业务及相关战略、业务模型、系统和流程是高层管理者的特权。为此，他们需要系统性思维。

流程

"流程"这个词常使人联想到生产线或工厂。也就是说，这个词常被用于制造业。

最近，流程有了更广泛的解释，专业人士现在经常谈论业务流程、供应链流程、销售流程、人力资源流程、业务流程外包等。我们绝不能外包的一个流程就是我们的思维流程！

我们经常对客户说："如果你想改变人们的行为，那就请把它放到'系统'中去。"这些系统诸如薪酬、绩效考核、产品研发、销售、财务审批等。

这些"系统"都是组织中规范员工行为的"硬性流程"，也可以理解为"物理流程"，因为它们是显性的。但是，还有一个关键但不好掌控的流程就是"思维流程"。

---

1 也称科斯塔·康科迪五号，是一艘超级豪华邮轮。2012 年 1 月 13 日歌诗达协和号在意大利海岸触礁搁浅。——译者注

思维流程是所有其他流程的根源，因此也是所有流程中最为关键的一个，而且是在全面执行时最难复制的一个。熟悉其原理的管理层强调说"我们的员工是我们最大的资产"，这只是部分事实。"正确"的人才是最大的资产，而决定"正确"的因素归根结底是人的思想，以及他们的思维方式。管理层有责任选择并落实他们希望在组织中运用的思维流程：

- 战略思维。
- 创新思维。
- 决策思维。

流程是文化之根源

我们客户的各层级员工经常告诉我们："我们拥有不同的文化。"

这便引出了一个显著的问题："你的组织的文化是什么？"

"我们无法形容，"他们回答说，"但我们组织的文化不同于竞争对手或隔壁公司的文化。"

文化是很难定义的，但正如我们所熟知的一个好定义，"文化只是'周围事情的完成方式'"。当频繁地听到诸如"我们是不同的"这样的说法后，我们决定调查组织的文化根源是什么，组织的做事方式源自哪里。后来我们知道，通过研究组织来揭开这个谜团被证明是徒劳的。为了得到答案，我们需要调查的是一个国家的文化根源。继而，答案显而易见了。一个国家的文化根源在于该国的语言。语言是文学的根，诗歌、歌曲、歌剧、音乐、戏剧等构成了一个国家"文化"的所有元素。

这就好比"语言是一个国家的文化，管理流程则是一个组织的文化"。文化是管理者选择用来管理组织流程的结果。正是这些流程为事情的完成（或至少应该去完成）奠定了基础。

因此，如果管理层想要在组织中营造某种文化，就必须选择这样的流程：能够促使其员工的行为产生所倡导的文化的结果。组织的文化是管理层选择用来管理业务流程的结果。之所以如此，是因为流程提供了一种通用语言，可用于更有效地处理业务问题。正如语言是一个国家音乐、文学和戏剧的根基一样，共同的思维流程也是一个组织获得更好的决策、战略和机会的根源。

如果管理层希望营造一种良好的战略思维文化，那么他们必须选择一种他们希望员工应用的战略思维流程。同样，如果管理层希望营造一种创新文化，那么他们必须选择希望员工应用的创新流程。换言之，管理层的职责是确定其员工在作为组织的一分子开展业务时使用什么"语言"。

管理层最重要的职责是将这些流程制度化，使之成为组织结构和文化的一部分。然而，我们发现，这一步说起来容易做起来难。我们发现不少组织的文化、流程（系统或制度）、员工行为经常各自为政。

向有形流程倾斜

每个组织的业务几乎都可以分为 3 个主要部分：

- 购入某些原材料（输入）。

- 将其进行转换（流程）。

- 制成成品（输出）。

相信每个人都会同意，产出的质量和数量取决于将输入转化为成品的流程的有效性。事实上，成品的质量和数量是由流程的有效性决定的。

然而，组织中存在着 2 种流程，即有形流程和无形流程。有形流程是指生产、财务、招聘、营销、薪酬和资本支出等显性的流程（见图 14.1）。

图 14.1　有形流程

无形流程在本质上更为微妙，但同样重要（见图 14.2）。这些是人们用来管理业务的思维流程，也是我们在本书中讨论的流程。需要的输入是使用者的相关数据、专业知识和经验，输出是从集体见解得出的出色商业判断，这些流程迅速地融合成卓越的业务流程。

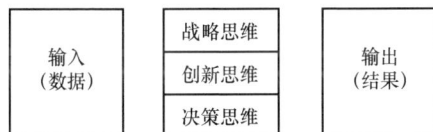

图 14.2　无形流程

很多高管投入大量资金来改善组织的有形流程，相对而言，他们并没有投入任何费用来改善无形流程。

困难在于，我们处理的不是类似于 ERP 软件之类的可见系统，而是产生在某人头脑中的一个无形流程。诀窍是将这个看不见又未编码的软过程转化为可见的、带编码的、有形的工具。一个组织的流程如果是不可见又未经编码的，那就很难将其固化并传递给他人。如果组织想要成功，就必须将其关键的思维流程进行编码整理，以便将它们传递给更多的员工，并确保它们被持续使用。这样，流程的实施就成为一个关键的主题。

"我们应该向我们的员工灌输多少这样的流程？"你可能会问。答案很简单。正如最好的语言学家通常只能掌握四种或五种语言一样，管理思维流程也是如此。如果组织希望它的员工能够随着时间的推移持续使用和掌握这些流程，那么就不应该试图同时使用多个流程。选择对组织成功至关重要的思维流程是高层管理者的一项重要任务。

流程实施

鉴于我们在全球数十个行业的数千家公司中所做的工作，前面几章中描述的流程已经得到了验证。换句话说，它们在起作用。如果使用得当，它们会带来更快、更好的决策和结论。

然而，根据我们 35 年的从业经验来看，概念和流程是否在组织中生效，不取决于这些概念和流程是否正确，而取决于是否将概念和流程落到战略实处。如何引入这些概念和流程并将它们传递给员工，直接关系到你将取得怎样的结果。

对此，我们提出了一些建议和意见，我们希望这些建议和意见对那些试图将我们的流程融入其组织（通常作为文化变革计划的一部分）的人有用。

知道自己能

一位智者曾说，人的一生需经历四个学习阶段：

- 不知道自己无能。
- 知道自己无能。
- 不知道自己能。
- 知道自己能。

不知道自己无能是指某些人不擅长自己所做的事情，而且也没有意识到自己缺乏相应能力。对于这样的人，我们是帮不上忙的。当与过度膨胀的自我结合在一起时，这样的人是非常危险的动物！因为他缺乏自我认知。

知道自己无能是指不擅长自己所做的事，但至少知道自己缺乏相应能力。这样的人会得到他人的帮助。

不知道自己能的人擅长他们所做的事情，遗憾的是，他们并不知道缘由。他们没有意识到他们为取得成功所运用的具体技能。他们可能把成功归因于运气或直觉。这些人无法将他们的技能传授给其他人，因为连他们自己也并不清楚。一个很好的例子就如我们在第 2 章中所提到的，许多运动员在尝试指导他人时遇到了困难。

知道自己能是最佳状态。这些人能出色地完成他们所做的事情，他们也能认识到自己为达到这一水平需完善的方法或流程。这些人可以把他们的技能传授给别人。他们是"好学生"，分析了获胜的过程和习惯，这样他们就可以把类似的公式教给其他人，赋予他人更多的技能。

正如你已经猜到的那样，大多数管理者处于第三种模式——无意识的能者。换言之，大多数管理者都具有相应的技能，但他们并不了解其技能的根源。他们不知道自己已经潜意识地掌握了创造成功的流程。因此，他们不能把自己的技能传授给别人。

组织学习需要一种强有力的方法来产生预期的效果（见图 14.3）。

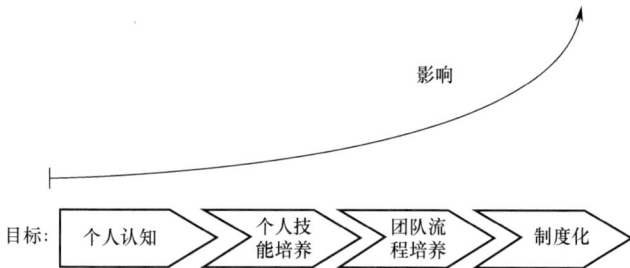

图 14.3   组织学习持续曲线

真正的回报来自高管带头将相关流程制度化并融入组织当中去。与投入有形流程和系统（如 ERP 软件）的巨额资金相比，制度化所需的投资是微不足道的，而且，由此获得成功的概率更高，结果更深刻和持久。

让我们更深入地探讨以下这四种方法。

个人认知

这是第一种方法，也是效果最差的一种。可悲的是，它是大多数组织最惯用的。

个人认知的本质是让领导者意识到他们潜意识中正在使用的流程。这可以通过一个三小时的研讨会来完成，包括演示及练习，使他们能够以有形的形式看到他们潜意识中正在使用的流程。

我们的顾问把这种研讨会称为"啊哈[1]"课堂。当领导者看到这些流程以纸质的形式出现时，他们不停地点头，同时齐声说："啊哈，啊哈，啊哈。"

结果是得到了很多"啊哈"，但这些都不是技能。两三小时还不足以培养一项技能。管理者可能"意识到"有些思维流程可以应用于业务问题，但在如此短的时间内，是很难围绕这些流程培养出适用的技能的。这便引领我们进入下一个战略实施方法。

个人技能培养

第二种方法是个人技能培养，该技能能够助力战略实施。它的目的是领导者把他们认为需要学习的员工送去参加两至三天的培训。这么做是希望这些人能成为"重生的思考者"，在决策能力方面取得显著的绩效提升。有些想得更远，期望这些重生的个体充当"种子"的角色，为组织注入新知识。

可惜的是，这种方法有以下几个潜在的问题。

首先，除非处理得当，否则员工个人会觉得自己有问题，尤其是被人力资源部或部门经理提名去参加培训——"很明显，我的老板认

---

1 英文为 aha，表示恍然大悟，或者了解、发现某事物时的喜悦。

为我没有想法！"他们可能得出这样的结论。他们还可能问："我怎么了？为什么我需要参加培训？"

其次，员工个人参加培训后返回到工作当中时有试着想去使用这些概念和流程的意图。遗憾的是，当尝试这样做时，他们会发现其他人并不理解这些概念和流程，并且缺乏学习这些概念和流程的耐心。在几次徒劳无功的尝试之后，这些重生的"流程转化者"想着与其把新发现的概念和流程灌输给"无知"的人，还不如选择放弃，回到他们原来的行事方式。期望这些"种子"战胜组织的免疫系统是完全不现实的！

最后，在一大群不同的人中重复前两个错误会导致员工个人的挫败感，而起不到激励作用。所有的努力仅成就了又一个"本月管理流行风尚"的名号和一种冷漠文化的崛起。

基于这些潜在的问题，尽管这种方法比第一种方法要好一些，但第三种方法会让大多数公司获得更好的成果。

团队流程培养

这种分组处理方法产生更好和更持久结果的概率更大。它的目标是确定每天在一起工作的人群（通常是一个组织的"一部分"），为他们提供一个共同的流程来解决他们在工作过程中遇到的问题。

当然，首先学习和使用这些概念的必须是管理层，即高层管理者。经验一再向我们证明，老板怎么做，员工就会怎么做。如果领导者被员工视作某一流程的积极和可见的实践者及推动者，那么每个员工都会紧跟领导者的脚步。反之，压根儿就没有人会去践行。尽管大量的资金可能已经投入组织中较低级别的数百名员工甚至数千名员工的培训中去了，但这些流程仍不会被应用。如果流程不被高层管理者看好，那么他们的员工也会觉得流程对于他们是毫无价值的。简单地说，人们是按你做的做，而不是按你说的做！

所以，培训必须先从管理层开始，然后使他们成为积极的实践者和推动者。他们必须真正成为流程的主人。

一旦这一步完成了，流程的实施就可以在公司内部展开了。

重要的是，参与团队流程的员工来自同别的工作组，他们必须提前了解这些概念和流程，并有机会将这些概念和流程应用到他们共同承担的工作问题上。毫无疑问，他们的这些问题将在"培训室"里取得重大进展。事实上，这会比他们坐在办公桌前与"老方式"抗争时取得更多的进展。

这种方法的另一个要求是以工作会议作为导向的"工作坊"，而不是培训课程！流程必须由资深的引导师推进，最好是事先经过培训的内部顾问。假以时日，这些引导师将扮演两个重要的角色。

第一个角色是讲师，他们在组织内部主持工作会议，并能够向所有人清楚地介绍这些流程，以及这些流程可圈可点的实效性。第二个更重要的角色是在工作会议结束之后发挥导师的作用。大多数人不太可能在两三天内掌握新的概念或流程。当他们试图应用这些概念或流程但并不能完全理解时，需要有人提供帮助。这些内部导师可以给小组提供进一步的咨询和协助，并帮助小组成功地运用这些概念或流程。成功会促使员工产生一种反复使用这个概念或流程的欲望。

这些内部导师作为"流程顾问"会成为组织的宝贵"资产"。如果被选中担任这一角色，将给个人的职业发展带来巨大的帮助，许多导师都成了更高级别职位的候选人。

工作坊至少包括三个阶段（见图 14.4）。首先是一个简短且引人入胜的简报会，旨在让与会者为随后的实际工作会议做好准备。其次是一个应用研讨会，在这个研讨会上，团队以零碎的块状形式学习新流程，并立即将它们应用到实际工作中去。通常情况下，60％的研讨会时间都花在这种实操的突破上。最后，在 4~6 周后进行必要的强化回顾，并提供进一步的操作建议。

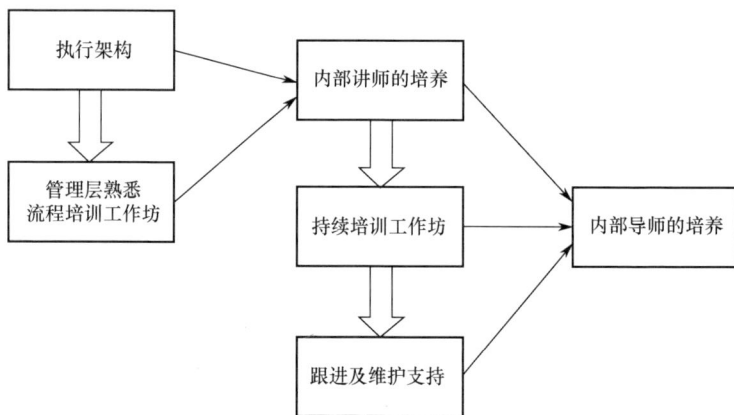

图 14.4　团队流程实施策略：一个系统的执行计划=最好的结果

制度化

制度化方法产生的影响力最大。对于那些真正重视流程并认为流程应该成为组织文化一部分的管理者来说，这是非常重要的。或许你会认为，如果每个人变成"批判性思想家"，世界会变得很沉闷。但请提醒你自己，我们谈论的是一个组织在竞争激烈的环境中取得成功的能力，在这种环境中，成功与失败、盈利与亏损、获得与失去之间的差异，只是你比其他竞争对手聪明一点而已。基本上，这可以归结为你比你的竞争对手有一个略胜一筹的"平均击球率"。在这样的环境下，尽你所能让你的员工尽可能多地进行逻辑思考是值得的投资，并可能产生助你成功所需的边际优势。

战略本身是团队流程的一个直接扩展：随着时间的推移，这些流程（或其中的一部分）会合并到公司大系统和程序中去。由于人们每次必须用到它们，经过一段时间地多次重复使用后，使用这些流程将变成反射性的、自然而然的、常规的。

在你的组织中已经有许多这样的系统可以将我们的概念纳入其中。例如，问题分析的概念可用于客户投诉报告和 IT 故障排除方法中。决策分析的概念可纳入人员甄选、招聘和资本支出要求中去。创新的流程可用于产品开发系统和测试营销计划中。还有许多其他的系统和程序可以将这些概念纳入其中，以支持它们被持续使用。

然而，这需要严格的纪律和管理层的责任感。随着不断的坚持，这些概念才得以转化成组织文化的一部分。

实施流程是组织战略和预期成果的反映，如图 14.5 所示。

目标：

| 个人认知 | 个人技能培养 | 团队流程培养 | 制度化 |

措施：

个人认知
- 2～3小时概况介绍

个人技能培养
- 外派培训
- 内部公开课

团队流程培养
- 内部导师的培养
- 提前准备研讨会主题
- 垂直分类
- 同部门研讨会
- 跟进及维护

制度化
- 将关键的思维流程逐步策略性地引入企业的目标和程序中，形成规范管理系统和程序中，形成规范管理

关键因素
- 管理层的承诺、参与和支持
- 足够数量的参与者
- 使用者成为流程的主人

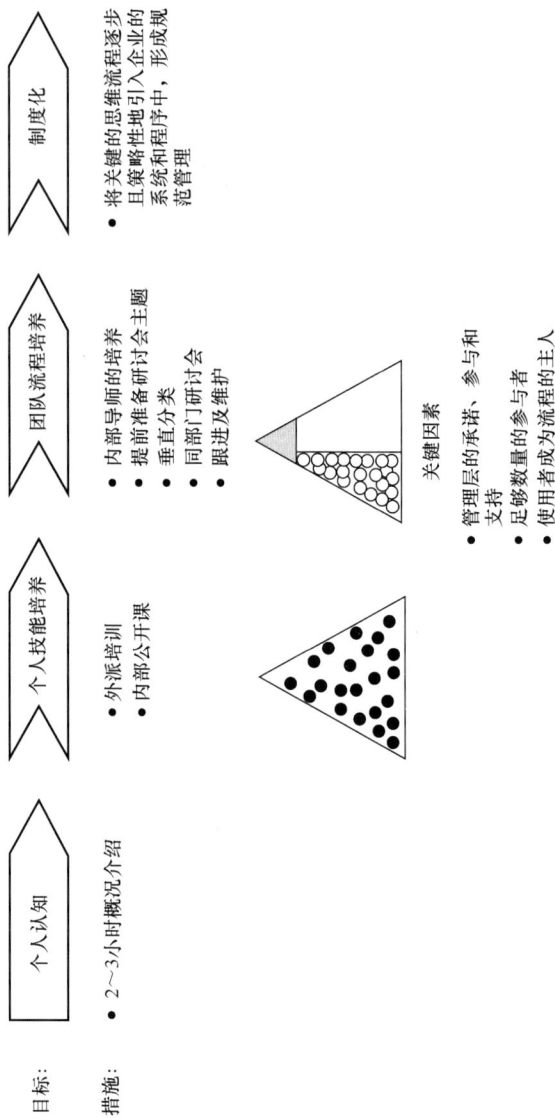

图 14.5　流程贯彻实施策略

总结

几乎每个人都听说过这样一句名言："认真对待你的愿望，因为它也许会实现。"事实证明，当你想在你的组织中实施批判性思维流程时，这句话是非常恰当的。当遇到一个对领导者来说有意义的管理话题时，他们一个本能的反应就是"让我们的员工接受这方面的培训"。如果你想要的是培训，那你得到的就是培训，还有与会者喝下的无数杯咖啡，但最终效果往往不尽如人意。相反，变革型领导者必须清楚地知道他们正在寻找的最终结果，并选择适当的方法来实现这一目标。

06

变革
型领导者

15 / 可复制的批判性思维领导力

　　我们开始写这本书时有个前提，领导力并不是一个神话般存在的个人特质。在 35 年的客户实践经验的支持下，我们坚定地认为，领导力是植根于批判性思维的一种能力，可将实践灌输给他人，并促使整个组织在战略、创新和实施领域与批判性思维完全融合在一起。

　　在未来的几年里，批判性思维的需求只会更加迫切。全球竞争的动力已经发生了显著变化，而且变化速度将继续加快，导致"外面"的环境更加严峻和恶劣。

　　面对来自全球各地的激烈竞争，人们往往会大声疾呼，将损失归咎于低成本竞争、不合理的政府政策或那些奉行新的非公平性游戏规则的人。但这就是竞争的本质！还是那句话，失败者不是被"打得落花流水"，而是失去了思考的能力。

　　为了避免被淘汰，你所做的决策需要在各个层面上进行改进，需要系统地、创造性地、集中性地将批判性思维渗透到组织内部。这是你作为一个变革型领导者的角色和职责。如果你能做到这一点，俨然你已经在你选择的行业沙盘中占据了优势。

为什么会这样呢？由于某些原因，在全球大多数组织中，批判性思维流程以某些方式避免了"业务流程革命"。仔细观察任意一家公司，你不难发现其业务在各方面都会有相应的流程。从生产到分销，从财务到人力资源管理，从费用报销到工资单，实施确保一致、可重复操作的系统和流程的必要性已得到广泛认可。

然而，如上所述，它有一个奇怪的漏洞。在管理思想领域，快速解决问题的诱惑似乎难以抗拒。我们更愿意求助离我们最近的"经验大师"和他们最新的"招数"或手段，而不是使用表面上看着难一些，但肯定更好的批判性思维。因为外部环境变化加速，更多人都在寻找"拿来即用"的捷径。所以，越来越多人更喜欢学习别人的"成功经验"，以"向某某企业学习战略""向某某企业学习产品""向某某企业学习营销"等为主题的培训或分享会吸引了许多企业的关注。当然，我们不是反对多向他人学习的精神，关键是，无论向谁学习，都要有自己的思考能力去做判断和分析。你可以模仿竞争对手的产品，但你无法复制竞争者对市场需求的理解。如中国人说的："知其然，而不知其所以然。"

新的管理时尚很少产生重大的影响，原因很简单，它们通常只是引入形而上且看上去新颖的概念，却没有实际地从"如何"操作的角度来给予支持。如果没有一个值得信赖的流程，以及与之相呼应的流程性问题来给予辅助，那么最终的趋势就是回归到最舒适和最熟悉的旧状态，尤其是在压力之下。

在本书的写作过程中，我们已经证明了批判性思维处在领导力核心的地位。我们认为，其中三个明确且已充分描述的批判性思维流程——战略思维、创新思维和情境管理，是领导者引领组织蜕变的核心能力。在变化莫测的环境里，要打造"赢"的组织，领导者必须时时刻刻都是变革型领导者，他必须拥有批判性思维，并相信自己有能力在组织中实施批判性思维流程。

只有这样，领导者才能更好地调动他们在公司使命和愿景中喜欢提及的"头号资产"——员工，虽然这并不是一个最好的杠杆点。我们正进入这样一个时代：在这个星球上，任何一个组织都不能容忍它的员工做不到最好。

我们公司在过去的 35 年里，与全球成千上万名客户合作。我们与各个组织里各层级的员工合作，从首席执行官、高级管理者、中层管理者，甚至小时工，都让我们坚信，成功组织的最大障碍就是当中的许多人严重缺乏思考能力。而且当要求在小组环境中解决问题时，这一困难就会加剧。

这些困难主要体现在他们无法做到以下几点：

- 将战略决策与运营决策分开。
- 将问题与决策分开。
- 处理问题的原因而不是其影响。
- 为确保决策的顺利实施，在潜在问题发生前进行预防。
- 区分需要创造性思维或理性分析的不同情况。

我们和我们的客户一次又一次地注意到，如果他们有一个共同的思维流程，可以被尝试解决关键问题的群体所利用，那么他们的行动和结果将大大改善。对我们来说，这是一种纯粹而简单的领导力。实现它并不像看上去那么难，只需要实施我们在本书中提出的批判性思维流程。产出的结果是：有担当、清晰和一致性，从而实现有限资源的最佳分配，以达成可衡量的绩效改进。这一点，不是因为某人的个性特质，却能促使布兰森、乔布斯和韦尔奇等变革型领导者脱颖而出。

　　人类是依赖习惯的生物。可惜的是，在今天的商业活动中，很多人都是坏习惯——缺乏思考能力的产物。当阅读本书时，你刚刚迈出了纠正这一点的第一步。祝你好运！